先生のための

やさしいブリーフセラピー

読めば面接が楽しくなる

森　俊夫／著

ほんの森出版

はじめに

この三月に（二〇〇〇年）、四年間続いた『月刊学校教育相談』誌への連載が終わり、毎月やってくる〆切に追われる日々からようやく解放されてほっとしていたところに、「連載を本にしますから、編集をよろしく」との電話がかかってきて、またぞろ地獄の日々に逆戻りか！　と思いきや、さすがにもう原稿はできているだけあって、それほど手間なく作業は終わり、ここに一冊の本として皆様のお手元にお配りできる運びと相成りました。シャンシャンシャンシャン！

昨今、学校現場では不登校、いじめ、暴力など様々な問題が起こっており（今は青少年犯罪が話題となっている）、児童・生徒たちに学校の先生がどうかかわっていけばいいのかについての指針が欲しいということで、一九九六年四月より私の連載は始まりました。そこで、従来のいわゆる「カウンセリング」とは一味違った発想の「ブリーフセラピー」のことをご紹介申し上げたところ、これが意外にもご好評を賜り、連載は四年にわたって続くという快挙?を達成してしまったわけです。

実際の連載では一年目に、その「一味違った」という部分を中心に、すなわち、どこがどういうふうに従来のいわゆる「カウンセリング」の発想と異なっているのか、「問題」というものをどういうふうに捉えるのか、「援助」はどこに力点が置かれるのか、などについて述べました。と、書くとなんだか難しそうに聞こえますが、ご存知の方はご存知のように、関西弁多用のハチャメチャな文体(内容は結構高度だと自分では思っているんですが)でそれらは語られ、そのあまりのハチャメチャさのために?本書には採用してもらえなかったくらいです(ぜひ入れてほしかったんですけど。だって一番笑えるから)。

二年目と三年目は、一年目の考察?をもとに、今度は「解決志向ブリーフセラピー」の進め方の実際を、面接逐語録なども交えて解説していきました。それが本書としてまとめられたわけです(と言っても本書は編集されていますから、話の順番も含めて、実際の連載そのままではありません)。

四年目は、セラピーやカウンセリングというよりも「コンサルテーション」をテーマにして、その概念や枠組み、そしてその実際を、これまた逐語録を交えて解説させていただきました。この部分もテーマが若干異なるということで、本書には盛り込まれておりません。

このように本書は「解決志向ブリーフセラピー」の実際について、読者層を学校の先生にしてまとめられたものですが、もちろんそれ以外の方、心理相談職の方はもちろんのこと、その他の援助職の方、そして一般の方でも充分にわかりやすく、そして役立つものとしてお読みいただけると思います。

そしてどなたがお読みくださるにしても、あまり「ブリーフセラピー」という言葉にはこだわらずにお読みいただけると幸いです。ここで言っていることは「ブリーフセラピー」だからというよりも、「効果的・効率的な援助」をしたいと思う場合ならどんな時にも必要となってくる基本要素である、というふうに私は思って書いています。だから将来的に「ブリーフセラピー」などという言葉なんか、なくなった方がいいんです。ここで述べられていることが、別に改めて「ブリーフセラピー」などという名目で語られずとも、学校の先生を含めた援助職すべての人々にとっての「常識」になる日が来ることを、私は心から待ちわびているのです。

二〇〇〇年七月

森　俊夫

◆も・く・じ――――――――『先生のための　やさしいブリーフセラピー』

第1章　ブリーフセラピーのエッセンス

第2章　ブリーフセラピーの進め方の実際

第1章

ブリーフセラピーのエッセンス

〈1〉

ブリーフセラピーとは、なにか?

ブリーフセラピーとは、なにか?

いきなり、ブリーフセラピーと来ましたが、一体全体これは何物なのか？　最初にザッとご紹介しておいた方がよろしいでしょう……ね？

ブリーフ(Brief)とはパンツのことではなくて、通常「短期」と訳される言葉です(時々、「ビリーフ(Belief 信念)」と間違われる方もいらっしゃいますが、違いマス)。したがって、ブリーフセラピー(Brief Therapy)を直訳しますと、「短期療法」ということになります。

ただ、「短期」という言葉は、ブリーフセラピーに対するいろいろな誤解を招きかねない言葉ではあります。たとえば、「じゃあ、どのくらいの期間のことを短期と言うの？」とか、「最初っから、期間や回数を限定する治療法のこと？」（そういう方法もありますが……）などという素朴な疑問が浮かんでくるのも当然でしょう。

しかし、白木孝二先生が『ブリーフセラピー入門』（宮田敬一編、金剛出版）の中で述べておられるように、ブリーフというのは、期間や回数そのものを問題としているというよりも、治療の効果性や効率性を問題としている概念なのです。「短期」というのは、結果にすぎないわけです。効果的で、効率的な治療をやっていれば、その結果、治療は短期に終結するかもしれない。回数も少なくなるかもしれない、ということなわけです。

逆に言えば、長期にわたって膨大な回数の面談が行われているとすれば、もしかすると、それは非効果的、非効率的なのかもしれない、と考えるわけです。そういう意味では確かに、ブリーフセラピストは期間や回数にこだわるかもしれませんが……。

ちなみに、ブリーフセラピーでは、回数でいうと十回以内、期間でいうと半年以内というのが、まあ平均的なところですが、これはクライエントから「なんだかしらないけど、良くなりました」と言われた時点で測ってみれば、このくらいの期間や回数だったということです。

また、ブリーフという言葉には、「簡易な」あるいは「簡略化された」という意味もありますが、ブリーフセラピーは、何かを簡略化したものではありませんし、「本格的な」心理療法が使えない場合の取りあえずの代替的方法でもありません（白木、1994）。

ブリーフサイコセラピーとブリーフセラピー

大変紛らわしい言葉ですが、私たちは、「ブリーフサイコセラピー」と「ブリーフセラピー」という言葉を、便宜上分けて使用しております。

「ブリーフサイコセラピー（Brief Psychotherapy）」という言葉は、何か特定の流派を指す言葉ではありません。ここでのキーワードは、先ほど申しました「効果性」「効率性」の二つだけであって、治療者の流派的・理論的背景がなんであっても全然構わないわけです。「効果的・効率的な相談活動をしたい」と願い、それを実践されている方はすべて「ブリーフサイコセラピスト」なのです（実際、「日本ブリーフサイコセラピー学会」には、実に様々な流派、職種の人たちが参加しており、援助を効果的・効率的なものにするためのそれぞれの工夫について、情報を交換しあっています）。それに、だいたい、「効果的・効率的でありたい」と思えば、なにか一つの流派・理論にこだわることはないはずです。一つにこだわるということは最も非効率的な方法だからです。その場その場に応じて、必要なもの、適当なものを用いるのが、効果的・効率的なあり方であるはずですから……。

でも、「ブリーフサイコセラピー」という言葉が、今申し上げたような意味だとすると、これはちょっと変な言葉です。もしそうだとすると、では、ブリーフサイコセラピーでないものとは一体なんなんでしょうか？　効果的・効率的な相談活動をしたくないと思っている人などいるのでしょうか？……いないはずですよね？……ということは、心理療法はすべて「ブリーフサイコセラピー」であって……「ブリーフ」などという言葉を、ことさら頭に付ける必要などないはずなんです。だから、「ブリーフだ、ブリーフだ」なんて騒がなくちゃいけない状況自体が、つまり心理療法だ、カウンセリングだというともう端っから「長期」みたいな感覚になっていること自体が、とても奇妙なことだ、と私なんかは思うわけです。

さて、「ブリーフサイコセラピー」が、今申し上げたような広い範囲のことを指す言葉であるのに対し、ここで私が「ブリーフセラピー」という時は、それはある一群の流派のことを指しています。どのような一群かと申しますと……。

アメリカの精神科医で、ミルトン・H・エリクソン（Milton H. Erickson, 1901-1980）という人がおりました。この人がとても有効な心理療法をやっていたわけです。とても治りそうに思えないような患者さんを、時にはたった一回のセッションで治してしまうような、まあいえば治療の天才です。でも、彼のやり方は、それまでの心理療法の常識を覆すような、とても〝奇妙な〟ものでした。

そうした彼の方法に興味を覚えた当時若手の臨床家たちが何人も彼の元に集まり、一体彼がなにをやっているのか、について研究し始めたわけです。そこから触発されたものを元に、あるいはそれを自分たちの理論の中に取り込んで、それぞれが独自の心理療法理論を構築していったわけです。こうしてでき上がったものが、ここでいう「ブリーフセラピー」です。

したがって、「ブリーフセラピー」といっても、そこにはいくつかの理論モデルがあります。たとえば、『ブリーフセラピー入門』の中には、

① エリクソン・モデル…ゼイク J. K. Zeig
② ストラテジック・モデル…ヘイリー J. Haley
③ NLP（Neuro-Linguistic Programming）・モデル…グリンダー J. Grinder、バンドラー R. Bandler
④ MRI（Mental Research Institute）・モデル…ワツラウィック P. Watzlawick、ウィークランド J. H. Weakiand

⑤　BFTC（Brief Family Therapy Center）・モデル…ドゥ・シェイザー S. de Shazer、キム・バーグ I. Kim Berg
⑥　オハンロン・モデル…オハンロン W. H. O'Hanlon
⑦　物語モデル…ホワイト M. White

の七つが紹介されています。

このうち「物語モデル」だけは、エリクソンとは直接関係のないところで発展してきた（ホワイトはオーストラリアの人）モデルですが、類似点が多いため、これもブリーフセラピーの範疇としてわれわれは扱っています。

家族療法に詳しい先生方ならば、ここに何人もの著名な家族療法家の名前を発見されたことでしょう。実際、ブリーフセラピーと家族療法との間には、かなり密接な関係があります。というよりも、家族療法に関心を持っていたあるグループの人たちが、エリクソンに興味を抱いて集まって来て、そして、エリクソンからなにかを持ち帰って、さらにそれぞれの理論化を進めていったという方が正確でしょう。

それぞれがなにを持ち帰ったかというと、それは本当に「それぞれ」であって、したがって、そこから発展してきたモデルというのも、その内容はかなりバラエティーに富んでいます。ですから、個々のモデルを解説することはできても、ブリーフセラピー全体をまとめて語るのは難しいのです。

これからブリーフセラピーを学ぶ人のために

だからといって、もちろん、いまあげた七つ全部を学ばなければブリーフセラピーを学んだことにはならない、などと申すつもりは毛頭ありません。そんな時間はないでしょうし、またその必要もないでしょう。とりあえず、『ブリーフセラピー入門』を買っていただいて、パラパラ読みながら、自分に合いそうなモデルを見つけ、それをより深く勉強されるか、あるいは、いろんなモデルの「おいしい」所だけを自分で勝手につまみ食いされるのがいいでしょう。

あるいは、ブリーフセラピーの源流になっているエリクソンから入るというのも、なかなか「正統派的」勉強方法ですね。

そこで宣伝。オハンロンがエリクソンの臨床についてまとめた『Taproots』という本を、私と菊池が翻訳した『ミルトン・エリクソン入門』（金剛出版）という本が、わかりやすくていいですよ〜、なんてね。他にも三冊、エリクソンに関する翻訳本が出版されておりますので、どうぞ参考にしてください。

さて、先ほど「ブリーフセラピーをまとめて語ることは難しい」と申しましたが、ここで私なりにこれがブリーフセラピーのエッセンスと考えている点を、ロジャーズの論文『パーソナリティ変化の必要にして十分な条件』風にアレンジして、述べてみましょう。

【速やかな治療的変化がクライエントの中に起こるためには、次のような条件が、一定期間継続していることが必要である。そして、他のいかなる条件も必要ではない。

(1) 治療者を含む二人以上の人間が、接触をもっていること。

(2) 治療者が自らの仕事を〝サービス業〟であると認識し、それに徹していること。
――その際の〝商品〟とは、正しい「情報」と変化のための「きっかけ」である。

(3) 治療者は、「変化」について、以下のことを(体験的に)知っていること。
――「変化」は必然である。
――「変化」は「瞬間」に起こる。
――「変化」は、「変化するための方法」を知っていなくとも起こる。

(4) 治療者は、「問題」について、以下のことを知っていること。
――「問題」は〝ない〟、あるいは、人と人の間に〝作られている〟。
――治療を受けに来ていること自体は、一つの「問題」である。

(5) 治療者は、クライエントに対して、常に敬意を払っていること。「敬意を払う」とは、治療者が以下のことを信じていることである。
——クライエントの〝中〟に「問題」はない。
——クライエントは皆、良い変化に必要な「能力」を持っている。
——良い変化の方向は、クライエントが知っている。

(6) ……などという条件に、治療者は、あまり縛られないでもいられること。】

〔エリクソンに関する翻訳本〕
・『ミルトン・エリクソンの心理療法セミナー』成瀬悟策監訳、星和書店
・『ミルトン・エリクソンの心理療法―出会いの三日間―』中野善行・青木省三監訳、二瓶社
・『私の声はあなたとともに―ミルトン・エリクソンのいやしのストーリー―』中野善行・青木省三監訳、二瓶社

〈2〉 〝問題〟の整理のしかた

面接をやっていると、なんだかグダグダと焦点の定まらない、なにをやっているんだかよく分からない面接が続いてしまう、なんてことがよくあります。あるいは、いっぱいいろんな話題が出てきて、どれを扱って、どれは扱わないでいいのか、分からなくなってしまうこともあります。こういう時って、クライエント自身が、なにがどうなっているのかよく分からなくなっているから、面接での話もそんな感じになってしまうわけです。

要するにクライエントの中に、たくさんの〝問題〟があれもこれもの状態で存在していて、そのために〝ゴール〟や〝解決像〟をうまく描けなくなっているわけですね。だから、こちらの仕事は、それらをちょっと交通整理して、〝ゴール／解決像〟が見えてくるように援助すること、ということになるんでしょう。

こういうケースって、初回面接をやっている時に、すでにそうなる予感みたいなものを感じますよね。クライエントがクドクドといろんなことを言ってきたり、その割には、こちらになにを求め、なにをしにここに来ているのか分からない感じだったりします。

そういう場合、おおまかに分けて、三つの対応法があります。

① そのいくつかの〝問題〟に優先順位をつけてもらう。

② 直接〝ゴール／解決像〟を聞く。

③ こちらもグダグダ話をする。

まあ、どれでやってもいいと思いますが、仮にマニュアル的なものを作るとすれば、とりあえず番号順に試してみるのもいいかもしれません。

つまり、クライエントの話が一段落したら（それまではあまり質問もせず、話も誘導せず、ただただ聞いている）、まずは①をやってみる。

「いろんなことが話の中に出てきたね（ここで、たくさんのことを話してくれたことに礼を言ってもよい）。一つは、○○○のこと。それから△△△のこと。あるいは×××のこと。×××のことはさらに、□□□のことと☆☆☆のことに分けられるでしょう。他にもあったかな？　で、その中で、今すぐなんとかしたいこと、今日ここで特に相談したいことって、どれかある？」

クライエントがこの質問に答えてくれたら、ラッキー。話はとりあえず絞られました（にもかかわらず、クライエントは別の話をまた持ち出してくるかもしれません。その場合は、そのつど「ああ、その話にする？　さっきの話は置いといてね」と、話題が変わったことをいったんクライエントにフィードバックしておいてから、そちらの話題に移るならば移る、前の話題に戻るなら戻る）。

しかし、うまく答えられないようならば、**さっさと**②に移りましょう。つまり、

「とすると、結局のところ、どうなればいいんだろうなあ？……どう思う？」

あるいは、

「そういうのが全部解決した後って、どんなふうになってるんだろう」

あるいは、ブリーフセラピーの教科書どおりに、ミラクル・クエスチョンをしてみてもいいでしょう。

“Suppose that one night, while you were asleep, there was a miracle and this problem was solved. How would you know? What would be different? How will your family know without your saying a word to them about it?” (Steve de Shazer, 1988)

つまり、

「ちょっと変な質問をするけど、想像してみてくれる？　今夜君が眠りについて、明日の

朝、目が覚めるまでの間に奇跡が起こって、君の問題が全部解決してしまったとするんだ。でも君は眠っているから、奇跡が起こって問題がすべて解決してしまったことに気づいていない。だけど、目が覚めると、どうもいつもと様子が違うんだ。いったいどんなふうに様子が違っているんだろう？　奇跡が起こったことを、君はどういうことから気づくんだろう？　あるいは君の周りの人は、それを君のどういうところから気づくんだろう？」

②の〝ゴール／解決像〟を聞く質問は、どれももともと答えるのが難しい質問ですから、答えはすぐには返ってこないでしょう。しかし①の場合とは違い、今度はこちらが少しねばります。

いろいろと質問の形を変えたり、「たとえば、こんなふうになればいいのかなあ？　それともこんなふうかなあ？　それとも……」などと、選択肢を与えてあげたり、イエス／ノー・クエスチョンの形で質問するなど、クライエントが答えやすいように質問を工夫しながら、ねばるわけです。

あるいは、ミラクル・クエスチョンならば、それにつけ加えて、「たとえば、それは君が目を覚ました瞬間に分かると思うかい？　もう目覚め方からして、いつもとはまるで違うとか……。それとも、洗面所に行って、歯を磨いている時に分かると思うかい？　それとも、朝ごはんを食べている時に分かるかな？　それとも、玄関を出る時？　学校に行く途中？　学校に行ってから？　いつ君は、昨晩奇跡が起こったということに気がつくんだろう？」などと誘導していくのもいいでしょう。

ここで重要なことは、どの質問法を採用したとしても簡単な一つの答えでセラピストは満足してはいけないということです。なにか一つ答えが返ってきたら、さらにそれを具体的にしていく質問を繰り返したり、その他の答えを導き出せるように、「たとえば？」とか「それから？」とか「ほかには？」というふうにどんどん聞いていくことが肝要です。

とにかく、このことに関してクライエントにたくさん考えてもらうことが重要なのです。十五分から二十分くらいの時間を、この作業に使ってもいいくらいです。

〝ゴール／解決像〟の作り方

この②は、単なる技術論というより、セラピーやカウンセリングの目的そのものである、と言うことができます。つまり、クライエントの中に〝ゴール／解決像〟を作るということです。その際、「良いゴールの条件とはなにか？」これをセラピストは知っている必要があります。これを知っていると、話のもっていき方が分かりやすくなります。

良いゴールが備えている要件とは、

(1) 大きなことではなく、小さなことであること。

(2) 抽象的ではなく、具体的に（できれば行動の形で）語られていること。

(3) 否定形（〜しない）ではなく、肯定形（〜する）で語られていること。

こういう要件を備えているゴールをクライエントが持てるように、誘導していけばいいわけです。

たとえば、母子間の葛藤についての様々な話が出てきたとしましょう。その場合、クライエントは母親に関する様々な〝問題〟については語ってくれますが、〝解決像〟についてはなかなか語ってくれないとします。

セラピストは質問します。

「どんなふうになればいいのかな？」

するとクライエントは、

「お母さんが厳しいの」

……あれ？　これは〝問題〟の話であって〝解決〟の話ではありません。しかも話が大きく抽象的です。

そこでセラピストは、

「たとえば、どんな時に一番、うちのお母さんは厳しいなあ、と感じる？」

「……お母さんが、いろいろ言ってくる時……」

……まだ〝問題〟の話ですが、少し話が限定されてきました。

「ということは、いろいろ言ってこなくなったら嬉しい？」

「うん」

……一応、〝解決〟の方向に話は向きましたが、まだゴールとしては大きすぎますし、しかも「言ってこなくなる」という否定形で語られています。

「たとえば、なにを言われるのが一番嫌？」

「ご飯食べている時に、ちょっとでもこぼしたら『またこぼした！　どうしていつもそうなの！』って……」

「それが一番嫌？」

「うん。ビクビクしながらご飯食べてるって感じ……」

……いったんまた〝問題〟の話に戻りました。しかし、場面がより限定され、具体的になっています。

「じゃあ、神様がお母さんに魔法をかけて、とっても素敵なお母さんに変身させちゃったとしたら、お母さんは晩ご飯をあなたと食べている時、どんなふうにしていると思う？」

……ミラクル**的**クエスチョン！

「エエッ…!? そうだなあ……ニコニコ笑っててぇ、なんか楽しいお話ししてくれる」

「へぇ、そうかぁ。どんな話？」

「うーん……分かんない……」

「あれれ？ さっき、お母さんがいろいろ言ってくることが嫌だって言ったんじゃなかったの？」

「エエッ？ 内容によるんだよ。ヤダなあ、先生（笑い）」

「ああ、そうか、そうか（笑い）」

……これら一連のやりとりによって、〝問題〟はさらに小さく（すなわち、母親が言ってくることが、**すべて**嫌なのではない）なりました。

さらに、クライエントは、

「そうだなあ、お話ししてくれるっていうより、私が『今日学校でこんなことあったんだよ』ってお話しするのを、ニコニコして聞いてくれてるのかもしれない」

「うんうん。ニコニコして聞いてくれてるのね。あなたも、いろいろ学校であった楽しいことをお話ししているんだ？」

「そうそう」

「それはたとえばどんな話？」

……話は〝解決〟の方向に向かっていますし、ゴールの形も見えてきました。クライエントは夕食時に学校であった楽しい出来事を母親に話し、母親はそれをニコニコして聞いている、というものです。これは、小さくて具体的(かつ行動の形)、そして、肯定形で記述されていますから、ゴールとしてなかなかいい線をいっているでしょう。あとは、この〝解決〟の場面のイメージを膨らましていけるように、話を続けていけばいいわけです。

別の言い方をすると、話を先の方(未来)にいったんもっていって、それから今(〝問題〟)に戻って、また先に進めて、今に戻って、また先に進める、といったふうにやっていくと、こんがらかったダンゴ状態の結び目が除々にほぐれていく、というわけです。

そして、治療者が扱うものは、〝解決像〟に関連するものだけに絞られていくでしょう。時に、〝問題〟だけを扱っている時に出てくる話題と、〝解決〟を扱い始めた時に出てくる話題は違うことがあります。この場合は、もちろん後者の方が中心に扱われることになります。前者が扱われないからといって、クライエントが欲求不満に陥ったりすることは、思うほどはないものです。なぜなら多くの人は、やはり〝解決〟を望んでいるからです。

さて、こんなふうに②で進めていってもちっとも〝解決〟の方向に話は進まないで、〝問題〟の話が延々続くクライエントに対しては、③でやることになります。③については次節〈3〉でふれます。

〈3〉

〃問題解決〃と〃解決の構築〃の違い

前節〈2〉では、〃ゴール／解決像〃を尋ねる質問は、たくさんの問題を整理することに**にも使える**、という話をして、良いゴールを形成するためのクライエントとのやり取りをご紹介したわけです。

さて前節の最後の方で、「時に、〃問題〃だけを扱っている時に出てくる話題と、〃解決〃を扱い始めた時に出てくる話題は違うことがあります。この場合は、もちろん後者の方が中心に扱われることになります」とサラッと書きましたが、実はこの箇所、そんなにサラッと書き流してはいけないところなんです。皆さん、すっかり読み飛ばしていたでしょう？　チッチッチッチッチッ、まだまだ甘い、甘い……。

冗談はさておき、私のケースの話をお聞きください。

醜貌恐怖の青年

ある高校生の不登校（高校生の「不登校」って変な言い方ではありますが……）のケースが、私に紹介されてきました。彼の不登校は中学一年の頃から始まり、それは高校に入学しても変わらず、しかもこの二年間は、自分の顔や髪が変だ（もちろん、どこも変じゃない）ということを気にするあまり、登校はおろか、外出すること自体がかなり困難になっていました。

本人の訴えは「自分の顔や髪が変だ。そのことが気になって、一日に何度も鏡を見てしまう。そして、鏡をずっと見続けていると、ますます変な顔になってくる。母親に言っても分かってくれず、いつも喧嘩になる」というものでした。

まあ、そうは言っても、お母さんの側からすれば、一日中まとわりつかれて顔や髪がどうだこうだと言われ続ければ、そりゃあ負担にもなるでしょう。また、母親に手をあげたり、物に当たること（いわゆる家庭内暴力）もあって、お母さんは本人をかなり怖がっておられました。それでもこのお母さんは、本当に一所懸命「変じゃないのよ」と諭したりして、本人の相手をしておられましたが、いっこうに通じません。

こうしたケースの場合、まず思いつく〝ゴール〟は、「顔や髪のことが気にならなくなる」とか「鏡を見なくなる」とか、あるいは「母親にそのことを訴えなくなる」というものでしょう。当然ながら、本人も母親も、そんなような〝ゴール〟を胸に抱いて、私の所にやってきたのでした。

しかし、前節でお話しましたように、このどれもが〝ゴール〟としてあまり良い形をしているとは言えません。その意味は、もうお分かりですね?……ピンポン! 正解です。〝ゴール〟が否定形で語られているからです。

そこで私は、ミラクル・クエスチョンとか、まあいろいろやってみたわけですが、最終的に、本人の中から次の三つの解決像を引き出すことに成功しました。それは、

(1) 毎日、朝の一限目から学校に行っている。
(2) 水泳教室に**楽しんで**行っている。
(3) 泊りがけで友人宅に遊びに行く。

でした。そして、この解決像がまとまったセッションから三か月も経たないうちに、彼はこの三つすべてを達成してしまったのです! (順番としては、確か(3)→(2)→(1)だったかな?)。その間、私はというと、彼に対してほとんどなにもアドバイスしていません(お母さんとは、主に家庭内暴力への対応について話し合っていました)。それでも彼は、毎日元

気に登校をし始め、今では学校でかなり中心的な人物となっています。

なぜ、否定形の〝ゴール〟があまり良くないのか

お気づきのように、本人の描いた解決像の中には、顔や髪に関することがまったく含まれていません。

「〝問題〟だけを扱っている時に出てくる話題と、〝解決〟を扱い始めた時に出てくる話題は違うことがある」というのは、たとえばこういうことなのです。実際、本人がこうした解決像を語るのを聞いて、お母さんは横で少々びっくりされていました。

こちらが〝問題〟だけを扱っていれば、当然彼は顔や髪のことをいつまでも話し続けていたことでしょう。しかし、〝解決〟の話になってきた時、そのことはいつのまにかどこかに消えてしまったのです。でもまあこれは、当たり前っちゃあ当たり前の話なんですね。だって、〝解決〟した時というのは、顔や髪のことなんか気になっていないわけですから、そのことが話の中に登場してこないのは当然です。

なぜ否定形の〝ゴール〟があまり良くないかというと、それは、達成するのが難しいパラドックスだからなんです。否定形の〝ゴール〟設定をしますと、それは「〜しないこと

をする」とか「〜がない状態をつくる」とかいうことになります。しかし、「〜しないことをする」のは一番実行の難しいことですし、なにかをすれば必ずなにかが生まれるわけですから、「ないものをつくれ」というのは矛盾した命令です。

たとえば、力を抜こう、抜こうとしてどんどん力が入っていったり、気にしないようにすればするほど気になったり、だいたい気にしないでおこうとすること自体、気にしていることでしょう。ですから、気にしないようにすることを〝ゴール〟にするのではなく、気にすること以外のなにをしているか、を見つけ出すことが〝ゴール〟設定なわけです。

たとえばこのケースの場合、毎日朝から学校に出かけるようになり、友人との活動も盛んになっていきましたから、彼が自宅にいる時間は激減し、だから一日中母親にまとわりついて顔や髪のことを訴えている「暇」など、彼にはなくなってしまったのです。

〝問題解決〟と〝解決の構築〟は違う

このように考えていきますと、〝問題の解決〟と〝解決を構築する〟ことは違う、ということに気づかれるかもしれません。

〝問題解決〟でいきますと、このケースの場合、どうしたらそのことが気にならなくなるか、という方向で話が進むことになります。その〝問題〟が解決しないと先には進めないだろうと考えるからです。ただそうすると、ますますその〝問題〟（この場合、顔や髪のこと）に注意を集中させる結果を招くかもしれず、そうなると解決どころか、極端な話、症状を悪化させる可能性すらあるでしょう。

そうではなくて、つまり〝問題〟をどう解決するかではなくて、**〝問題〟から一旦離れて、**そもそも〝解決〟とはいったいどんな姿・形をしているのかをじっくり話し合っていくこと、これが〝解決の構築〟です。

そして、もしそこで築き上げられた〝ゴール〟が現実において達成されたならば、その時、〝問題〟の方も同時に消失あるいは改善しているかもしれないわけです。

なんだか話がややっこしくなってきましたが、まあ、あんまり難しく考え込まないで、とにかく「良い〝ゴール〟を形成しよう」ということに専念していただければいいということです。しばしばあとは、このケースのように、クライエントが勝手にやってくれます。

こちらもグダグダ話をする

さて、話は変わって、グダグダとたくさんの〝問題〟の話をするクライエントへの対応法・その③「こちらもグタグタ話をする」についてもう少し詳しくふれておきましょう。

これには大きく分けて二つの方法があって、そのうちの一つは、皆様お馴染みの方法、「オウム返し」です。それもかなり徹底したオウム返しです。

この種のケースの場合、クライエントの言葉の大半はネガティブな言葉ですから、**それを**徹底的にオウム返しするのです。たとえば、

「そう、全然勉強が手につかないのね」

「昨日も一時間もできなかったのね」

「××を試してみたけど、全然効果がなかったのね」

「身体もだるいのね」

「頭もボーッとしているのね」

「食欲もないのね」

「お母さんがうるさいのね」

「お父さんは、話を聞いてくれないのね」

「先生も叱ってばっかりなのね」

……等々、根気よく延々とこれを続けるのです。

そうすると良くしたもので、

「いやあ、一時間くらいなら勉強できた日もあった」

などと、クライエントがポジティブなことを言い始めたりします。

しかし、ここが大事なのですが、そのポジティブな言葉に飛びつきたくなる衝動をグッとこらえて、再びネガティブな言葉を返し続けるのです。

「でも、それは一日くらいなんでしょう?」

「できても、一時間くらいだったのね?」

するとますます、

「いや、週のうち三、四日は一時間くらいできる」

「二時間やったこともある」

などと言い出すかもしれません。それでもまだ、

「そうか、週のうち半分くらいか……」

「やっても二時間なんだ……」

などと、ネガティブ・フィードバックを続けます。

結局、面接の最後までこれで通します。そして、

「いろいろな大変なようだから、また話しにおいで」

などと言って次回の約束をし、面接を終えます。

またやってきたら、基本的に同じことを繰り返します。

さて、そうするとなにが起こるか？　まあ、試しにやってみてください。ただし、結構根気のいる仕事ですが……。

コツは二つ。

・ネガティブな言葉を中心にオウム返しすること。

・非指示に徹すること。すなわち、決してアドバイスしないこと。（この種のクライエントは、頻回に「先生、どうすればいいんですか？」と聞いてくるが、その誘いには決して乗らない。「どうすればいいかわからないんだね」と、オウム返しに徹するのも一法。）

関係のないお話

さて、もう一つの方法ですが、それはこちらがなにか関係のないお話をし始めることです。

あるケースをご紹介しましょう。

彼は二浪生で、自己臭恐怖の人でした。しかし、その問題は、予備校の授業をかなり選別して出るということで、一応の解決が得られており、面接の中でもあまり話題としては取り上げられませんでした。

しかし、その他のことをいろいろと、たとえば、勉強方法のことや生活リズムのこと、家族のことなどを、ああでもない、こうでもないと訴えていました。こちらがなにかアドバイスめいたことを言おうものなら、「でもそれは……」などを食いついてきます（だから先ほど、「アドバイスしてはいけない」と言ったのです）。

面接時間も終わりに近づき、正直言って私は、「ああ、まずい展開になってしまったなあ」と焦っていました。その時ふと、彼がある宗教の信者だということから、次の話を思い出し、彼にしてみたのです。

（この話は、東豊先生の『セラピスト入門』（日本評論社）の「あとがき」に載っている話です）。

「ある高僧と何人かの弟子が、旅をしていました。

川岸までやってきた時、一人の女性が、川を渡りたいのだけれど、水かさが増していて、とても一人では渡れそうもないので、どうか向こう岸まで抱いて渡してくれないかと言うのです。弟子たちは、『とんでもない』と断りました。女人の体に触れることは、戒律によって厳しく禁じられていたのです。

ところが、高僧はいとも気楽にその女性の申し出を受け入れ、彼女を抱きかかえ、さっさと川を渡り始めました。弟子たちもあわてて後を追いました。

川を無事渡り終えると、高僧は何事もなかったかのようにまた歩き始め、弟子たちはその後を、ちょっと納得できない感じで追いかけました。しばらくして、弟子の一人がたまらず高僧に尋ねました。

『師のされたことは、戒律違反ではないのですか？』

すると高僧は答えました。

『なんじゃ、おまえらはまだあの女を抱いておったのか。ワシは、もう抱いておらん』。

……要するに、君の問題はこれなんだね。」

すると彼は、目から鱗が落ちたような表情で、

「分かりました。そういうことなんですね。どうもありがとうございました、先生！」

と、部屋を出ていってしまったのです。

残された私は、しばらく一人で唖然としていました。これは数年前のケースですが、今でも彼がいったいなにを分かったのか、私には分かりません。だって、私は本当に関係のない話をしただけなのですから……。

なんだか分からないですけど、〝解決〟って、こんなふうにクライエントによって勝手に「構築される」ものみたいですね。

〈4〉

〝解決〟の構築は難しい？

〝難しく〟考えないでください

前節〈3〉で、〝解決〟はクライエントによって勝手に「構築される」という話をしましたが、真面目な読者のなかには、「そんなに楽しちゃっていいの」って不安になった人もいるでしょう。はい。楽しちゃっていいんです。

難しがるのはクライエントであって、私たちじゃないんです。私たちは、ただ「どうなりたいの？」とか「よくなった時って、どうなってるの？」とかいう類の質問／刺激をしてあげるだけのことなんです。

もちろん、そういう質問に対して即答できるクライエントは少ない（実は、スラスラとこれに答えるクライエントの方が手強い）わけですが、すぐに答えが返ってこない場合は、なにか出てくるまで、こちらはただニコニコして待ってりゃいいわけです。

もし、その回のセッションで出てこないのであれば、「じゃあ、次回までにちょっと考えといてね」と宿題にしておけばいいでしょう。

別に、なあ〜んにも難しいことなんかないんです。

たとえばですよ。「どうなりたいの？」と聞いて、「このままでいいんです」という答えが返ってきたとしたら、それはそれでいいんです。この手の質問に、なにか正解のようなものが、あるいは、こう答えてほしいというなにかがあると考えているのだとしたら、それはないんです。

だから、こちらのリアクションは、「あ、そう？　そりゃあよかったねぇ」ということになります（だって、「このままで〝いい〟」と言っているのですから……）。

それをですねぇ、もし、たとえば、「このままでいいわけないでしょう」と返した（口で返さないまでも、心の中でそうつぶやいた）とすれば、それは、こちらが相手の答えの中に〝問題〟を見てしまったということの証拠なのです。

その子を、どうなりたいかを語れない／語らない子、問題意識のない子、意欲のない子、素直じゃない子、相談に〝抵抗〟を示す子などと見てしまった証拠なのです。

　これは、こちらが〝問題モード〟の中にはまっている証拠です。こちらが〝解決モード〟にあれば、そんな言葉は出てこないはずなんです。

〝問題モード〟と〝解決モード〟

　〝解決モード〟に入っているということは、「クライエントはどうなりたいんだろう?」「よくなった時、どうなっているんだろう?」「クライエントはなにが得意/好きなんだろう?」「なにがもう既にできているんだろう?」「なにを使えるんだろう?」といったことに、援助者が興味津々でいるということです。

「なにが/誰がいけないんだろう?」「なぜこうなってしまったんだろう?」「どこに〝問題〟があるんだろう?」「なにを取り除かなくてはいけないんだろう?」「どこを直さなくてはいけないんだろう?」などということには興味がないということです(これに興味を持つことが〝問題モード〟です)。

　これは技法の話じゃなくて、頭の中の話ですから、これはもう、頭をそう切り替える以外ないんです。

〝問題モード〟の言葉が浮かんできたら、すぐにそれを消去し、〝解決モード〟の言葉で頭を埋め尽くすように、皆様、頭を鍛えましょう。

まあただ、技法の話をするなら、私なら、「あ、そう？　そりゃあよかったねぇ」のあとに、もしかしたら、「もう今が嬉しくて嬉しくてしょうがないくらい、〝人生最高の時〟って感じかな？」などという言葉を、おどけた感じで付け加えるかもしれません。

それでたとえば、「そりゃもう、最高っすよ」と返ってきたとしたら、「いいなあ……私も〝最高〟なんていう人生送ってみたいよ、ほんとに。どんなふうに〝最高〟なんだ？」と、話は続くでしょうし（そして、そのまま面接は終わってしまうかもしれないですけど）、「最高なんてあるはずないでしょう。ボチボチですよ」なんて言ってくれれば、「ボチボチ？　ハハハハ、ジジくせぇ。どうボチボチなんだ？　それともなんか不満でもあるのか？　なんでも言ってみぃ？」なんて感じになるんでしょうか？

そこで本人からなにか〝問題〟が語られれば、それをひとしきり聞いてから、「ってことは、どうなればいいんだ？」と〝解決〟の方向に話を振るでしょう。おそらく、ここまでくればそんなに難しくなく〝解決〟の話になると思います。

あるいは、教科書どおりのブリーフセラピストならば、さっきのところで**スケーリング・クエスチョン**をするかもしれません。

「最高の状態を10点、最低の状態を0点として、今の生活は何点くらいかな？」

それでたとえば、

「5点くらい」

と答えたとしたら、次にブリーフセラピストは、

「どうやって、こんな状況の中で、5点を維持できているんだい？」

と聞くか、

「じゃあ、それが6点になった時というのは、今と、どこがどういうふうに違ってるのかな？」

と聞くでしょう。

こうした質問が〝解決モード〟の質問です。

〝解決の構築〟の部分に難しいところなどないんです。難しいところは、どうしたら「〝解決〟のことを話し合える関係」になれるか？ なんです。その「関係」ができさえすれば、〝解決〟は自然と構築されるのです。

今までずっと申し上げてきたことは、「〝解決〟のことを話し合える関係」になるためには、まずこちらが〝解決モード〟に入っていなくてはいけませんよ、ということなのです。

〝問題探し〟にご執心のクライエントの事例

さて、こちらが〝解決モード〟に入っているにもかかわらず、クライエントの方がなかなか〝問題モード〟から出てきてくれない。だから「〝解決〟を話し合える関係」になかなかなれない。確かに、そういうクライエントはいます。〝問題探し〟や〝原因探し〟ばっかりやっている方……。

さて、〝問題探し〟にご執心のクライエントに対しては、私は最初こそ一所懸命その話を聞いていますが、頃合いを見計らって、「それは本当に〝問題〟なのだろうか？」という疑念を差しはさんでいく場合があります。ただこの場合、「本当にそれは問題なんですか？」と直球勝負にいくと打ち返されることが多いので、ちょっと変化球でいきます。

たとえば、こんなケースがありました。長男が統合失調症の疑い、長女（当時中二）が不登校、そして、お母さんも過呼吸発作を含む身体的不定愁訴があって身体がきかない状態、また少しうつ的、というご家族です（父親とは七年前に死別）。

二回の面接で、ご長男の精神病的な問題行動はおさまってきており、そのことはめでたしめでたしなのですが、お母さんの体調の話になると、それこそ〝問題モード〟のドツボにはまってしまうのです。

そこで私は、そこからなんとか抜け出そうと、こんなふうに問い掛けてみました。

Th　……であのう、お母さんとしては、体力を昔のように戻したいとお考えなんですか？
母　なんか心配なんですよ。顔はこうして笑ってますけど……
娘　だから、戻したいんだよね？
母　え？　うん、戻したい、ですね。
Th　本当に？
母　……戻したい。なんか情けないですからねぇ。だから、戻したい。ピアノ一時間くらい弾けなくちゃ、どうしようもないですよ（母は、以前ピアノ教師をしていた）。
Th　本当に、体力つけたいですか？
（母、困ったように笑いながら、娘の顔を見る）
娘　つけたくないわけないよね？
母　……うん……つけたい、ですねぇ。
Th　そうですかぁ？　体力つけると困ることもありますよ。
娘　どうしてですか？

Th　なんか思いつかない？　お母さんが、たとえば明日からいきなり昔のようなバリバリの体力に戻ったとしますよね。そしたらどんな困ったことが起こりますか？

娘　（片肘ついて考えながら）……うーん……家事がおろそかになる……

母　（びっくりしたように）どうして家事がおろそかになるの⁉

娘　だって今、一日かかって家事やってるじゃない。それが体力つけば、たとえば働きに出るようになるでしょ？　あるいはまたピアノを始めるでもいいけど……それだって時間がかかるわけだし、そうすると家事が少々でも……

母　……おろそかになる……じゃあなに？　マイナスってこと？

娘　いや、マイナスってわけじゃないけど、困ったことが起こるとすれば、そういうことかなって……

Th　そうです。たとえばそういうことです。ほかにもいくつかあると思いますよ。

母　そうですか？

Th　ええ。たとえば、家事以外のこともできる体力がついちゃったら、ほかのところにいっちゃうでしょ？

母　体力つけば、ピアノ弾きたいですねぇ……あ、でも、前もそうだったんですが、ピアノを弾いた後って、イライラするんですね。それで子どもを叱りつけてたりしてたんですよ。だから、家族の和が乱れるかもしれないですね。自分のことだけにいっちゃうから……

娘 だから、子どもの表情の変化とか、そういう細々としたこととかに、気づかなくなるかもしれない。

Th 「自分の世界」に入っちゃったりしてね？（笑い）

母 そう！ 急に家を飛び出しちゃったりしてね！（笑い）……そう、私、そういうことあるかもしれない……それに、体力ついちゃったら、なにかしなくちゃいけない、働かなくちゃ申し訳ないっていう気がますます強くなって、私、もっと焦ってくるかもしれない……それに外に出たら出たで、それに伴っていろいろな悩みも増えるだろうし……子どもに対してはどうかな？ ……子どもに対してもっと焦ってくるでしょうね。今は自分がこんな状態だから、子どもが無理に学校に行かなくてもって思ってますけど、でも自分が元気になったら……

Th そうですね。だから、M子ちゃん（娘）にとっても困るよね。お母さん元気になったら、絶対「学校に行きなさい」という圧力が増すよ。それにね、お母さんが元気になったら、今より絶対お母さんとM子ちゃんの仲は悪くなると思いますよ。

母 そうです。おっしゃるとおりだと思います。

Th　それはね、M子ちゃんが学校に行き始めるということに関しても、同じことがあると思うんですよ。M子ちゃんが学校に行き始めたら、どんなことが悪くなると思いますか？
母　それはもう心配ですね、行き帰りが……
娘　あ！　思い出した！　あたしが四月の初めにまた学校に行き出した時、お母さんが「ああ、M子が学校に行って家にいなくなると、私がどうにかなった時、心配だねぇ」ってボソッと言ったんですよ。
母　（ギクッとして）あ、それ、聞いてた⁉　ああ、悪かったなぁ……
娘　私の耳、地獄耳だから。
母　……うーん……（落ち込んでいる）
娘　でも、それが理由じゃないよ、私が学校に行かなくなったのは……。そうじゃないけど、どんな問題でも希望がかなえば、また問題も起こるということなのよ。

この娘さん、中学生（おまけに不登校している……）なんですよ。すごいでしょう？　まあそれはともかくとして、「お母さんの体調の悪さは、本当に〝問題〟なんでしょうか？」という〝？〟を私はこんな感じで差しはさんでいったわけです。
その結果、次の面接では、

娘　なんだか最近、体調良くなってきちゃったんだよね。

母　そうそう！　なぜかね……（笑い）……なんかピョンピョン飛び回ってね、仕事してるんですよ。

Th　あれまぁ、どうしちゃったんですか？

娘　お料理にも目覚めたりしてね。

母　そうなんですよ。けんちん汁だとか餃子だとか、今晩は手作りコロッケだとか、いろいろね。

娘　私が小学生の時も、お母さんいろいろ本を見ながら作ったりしていて、その時と同じような感じになって、私なんとなく嬉しくなってきちゃった……

母　そうなんですよ。でね、不思議なことに、私がピアノを弾いていると、この子が生き生きしてきて、「私は絵を描こう！」とか言っちゃってねえ……

娘　偉そうなこと言うみたいだけど、お母さんがピアノの練習しているのを見ると、「偉いなぁ」って思って……

Th　ピアノ弾いてるんですか？

母　そう！　こないだね、四十五分弾いたんですよ！　そしたら、四十五分動けなくなりましたけど……（皆、大笑い）……でも、それでいいんですよ。私、分かりました。三十分弾いたら、三十分寝るんです。それがいいんです。私、少し手抜きがうまくなりました……進歩したなあと思って……この前、先生がいろいろとおっしゃられたでしょ？　なんだかよく分からないんですけど、なにかの刺激になったみたいなんですね。急に「こんなんじゃいられないな」って、やる気になっちゃって……この前までは、自分の身体は絶体悪いに決まってるって、頭からそう決め込んでいたんですね……

娘　なんか、いきなり良くなっちゃったよね。

というような感じで、なんとかお母さんに〝問題モード〟から抜け出してもらえました。そして長女も、半年ぶりに学校に復帰したのでした。今では、元気な女子大生です。

〝問題モード〟の強い人というのは、何においても〝問題〟を見つけることが得意ですから、「治った時の〝問題〟」というやつもよく見つけてくださいます。で、治っても〝問題〟、治らなくても〝問題〟ということになるんだったら、じゃあ治っちゃおうかというのが人の心の常なのかもしれません。まあ、よく分かりませんけど……。

ただ、こういう〝テクニック〟というやつはＴＰＯとか、使う人のキャラクターとかが大事ですから、あんまりむやみに真似しないでくださいね。

〈5〉原因や過去、〝問題〟にこだわらないために

もう一度、〝問題モード〟と〝解決モード〟

この本ではくどいぐらいに、『もし効果的・効率的な援助をしたいと願うならば、〝解決〟に目を向けなくてはならない。〝原因〟や〝問題〟に目を向けても、そこからは〝解決〟は見えてこない』と言い続けてきたつもりです。

しかし、いろいろな先生方のお話をうかがっていますと、『〝原因〟や〝問題〟が分からなければ、〝解決〟は見えてこないのではないか』という考えからなかなか抜け出せずに、どうしても〝原因〟や〝問題〟の方に目がいってしまうことが多いようです。

そうじゃないんだ。こころの問題に関しては、〝原因〟なんて無数にあって、特定することなんてできない。仮に〝原因〟が特定できたとしても、そこからは〝解決〟は浮かび上がってこないことが多い。

また、〝問題〟を見つけることと〝解決〟を構築していくことは、ある意味で正反対の行為である。〝問題〟は（多くの専門家によって）〝作られる〟。こちらが〝問題〟を作れば作るほど、〝解決〟は遠のいていく。

〝解決〟は、それ自体を探求していって初めて見えてくる。そしてそれは、クライエントが持っているリソース（能力・資質・資源）から出てくる。こちらの仕事は、ただそれを引き出すことだけだ。

もう本当にこれしかないんです。重要なことは……。

もう一度申し上げます。効果的で効率的な援助サービスを提供するためには、まず援助者の側が〝解決モード〟に入ることです。〝解決モード〟に入っているということは、次の言葉**だけ**がずっと援助者の頭の中を回っているということです。

- ・クライエントはどうなりたいのだろうか？
- ・よくなった時って、どうなっているのだろうか？

・クライエントはなにが得意／好きなのだろうか？
・〝なには〟もうすでに起こっている／できているのだろうか？
・〝なにを〟使えるのだろうか？

逆に言えば、〝問題モード〟に入っているということは、このような言葉が頭から消えているわけです。そして、はからずも次のような言葉が頭の中に浮かんでしまった時は、たとえば矢印の下にあるような言葉を使うなどして、頭の中から追っ払ってください。（**注意!!** 医学的なこと・法律に抵触するような場合は除く！）

・なにが／誰がいけないんだろう？ ⬇ 特になにが／誰がいけないわけでもない。
・なぜこうなってしまったんだろう？ ⬇ いろんなことがあったんだろう。
・どこに問題があるんだろう？ ⬇ それは分からない。また、分かったところで仕方がない。
・なにを取り除かなくてはいけないんだろう？ ⬇ なにかを取り除く必要はない。だいたい「取り除く」ことなんて土台無理な話。
・どこを直さなくてはいけないんだろう？ ⬇ なにかを直さなきゃ絶対駄目ってわけでもない。

（最後にもう一つ、「取り除くべきもの」「直すべきもの」を不幸にも見つけてしまった時は、すみやかに、「それをなんとか使えないものか」と考えてみること。たとえば「茶髪」がそれだったとしたら、「なんとかこの『茶髪』を有効利用する道はないものか？」と考えてみること）。

〝原因〟にこだわるクライエント

話の流れとしては、こちらは〝解決モード〟にちゃんと入っているのに、クライエントの方がなかなか〝問題モード〟から出てきてくれない場合にどうするか？　ということで、前節では「問題探し」にご執心のクライエントの場合を取り上げました。そしてこの節では「原因探し」にご執心のクライエントの場合を取り上げてみましょう。

「原因探し」にご執心のクライエントの場合も「問題探し」の場合と理屈としては同じで、「それが本当に原因なんでしょうか？」という疑問を差しはさんでいくことになるわけです。

ただこの場合も前節の事例と同じで、ちょっと変化球を使った方がいいかもしれません。原因や過去にこだわるクライエントに対し、

「原因や過去なんか、どうでもええやないですか！　未来を見ましょ、明るい未来を！」などと、あんまり真正直に直球投げると、もしかするとクライエントと決裂してしまうかもしれませんから、そこは穏便に穏便に……（派手にやりたいのであれば、それこそ「神様」「奇跡」という言葉を使って、ミラクル・クエスチョンした方がいいです）。

それでは一例を……。

ある奥様がここ三、四年、不安発作に悩まされていました。突然、わけの分からない強い不安感に襲われるのです。全身から血の気が引いていき、心臓が高鳴り、息ができなくなり、冷や汗がどっと出てきて、地底に落ちていくような、「ムンクの叫び」の絵のような感じになる。最近はこういうことがほぼ毎日、ひどい時は日に三回もあるということでした。いつこれが起こるか分からないので、外出することもままならず、一日中不安で、憂うつな日々が続いていました。

初回面接では、夫との関係の話がほとんどでした。若くして大恋愛の末に結婚し、そして今でも愛し合っておられるご夫婦ではあるのですが、そこには様々な、そして強い葛藤がありました。

面接室で奥様は、過去の夫の浮気の顛末を、延々と一時間以上も涙ながらに語られていました。そして、夫婦喧嘩の時は、結局いつもその話題に戻ってしまい、嫌がる夫を朝まで離さず(夫は心臓病を持っている)、徹夜の壮絶な喧嘩に発展してしまうということでした。

「でも、浮気ももうなくなり、やっとこれからうまくいくところまできたのに、どうしてこんなにも不安に襲われるのか、原因がよく分からないのです。分からないから、ますます不安になるんです」

と、話はまた〝原因〟のところへ立ち戻り、ご主人との関係、あるいは過去の体験の話になるのでした。

二回目、ご主人も面接に参加されました。参加はされましたが、ご主人にとって、当然ながら面接室は居心地の良い場所であろうはずがありません。

夫　私が今日ここへ来たのは、夫婦関係をうまくやるためのカウンセリングを受けに来たのか、彼女の病気を良くするためにどうしたらいいのかっていうことなのか、私にはよく分からないんです。なぜ、ここに来なきゃいけないのか？　よく分からないけど、まあ、来てみたわけなんです。

だいたい、不安神経症と夫婦関係がうまくいってないことが、どこでどうつながるんでしょうか？

【そうでしょう、そうでしょう。お気持ちよ〜く分かりますよ。それに、今のご主人のお言葉、これは使わせていただくしかないですね。皆様にご注意申し上げますが、このご主人の態度を〝問題〟と見てはいけませんヨ！】

Th　そうなんです！　まさにそこなんです！　そこから始めなくちゃならないんです。

奥様の不安発作と「夫婦の問題」は、いったいこれは関係があるのか、ないのか？

これは、私こそがもっとも知りたい！

ご主人、どう思われます？

夫　うーん……まあ、私は関係ないと思いますけど……よく分からないですね。

【まあ、「関係ある」とは立場上言えないでしょうけどね……ではここでちょっと話をすりかえてみましょう。】

Th　それでね、ここは重要なんですが、私が「夫婦の問題」という言葉を使う時は、これはどちらが悪いという話ではないんです。夫のなにかが悪いだとか、妻のなにかが悪いだとか、そういうことじゃなくて、お二人の「間」になにか解決すべきものがある、ということだと理解してください。

たとえば奥様、「あなたのために私は不安発作になっているのよ」というのは、これは

「あなた」の問題であって、「夫婦」の問題じゃない。「不安発作になるのは、私が弱いからなの」。これは「私」の問題であって、「夫婦」の問題じゃない。「夫婦」の問題とは、どちらかの問題ではなく、「間」の問題なのです。

さて、「夫婦の問題」と奥様の不安発作は、関係があるとお感じですか？

「「間」の問題などというわけの分からない話になって、奥様、すっかり混乱してしまわれました。それでも何度かやり取りを繰り返すうちに、結論としては、「夫と私の間にあるズレが問題だ」ということになりました。」

Th　なるほど、ズレが問題ということであれば、それはやっぱり「間」の話ということになりますよね。

ご主人、いかがでしょうか？

夫　……まあだから、私は彼女に問題があると、今まではずっと思ってたんですよ……でも彼女は、こういうふうになったのは自分のせいでもなく、俺のせいでもなく、「間」にあるなにかお互いのことだと判断したんですから……ということは、具体的に私はどんな協力をすればいいんでしょうか？

「はいはい、いいですねぇ。これでやっと皆で〝解決〟のことを話し合う土俵ができました。このご主人は、もちろん最初から協力したい気持ちはあったわけですが、「俺のせい」じゃないという

ことをはっきりさせておかなければ、動くに動けなかったわけですよね。
さて、あとは〝過去〟をどう切り離すかです。」

Th　ではまず「不安」というもののメカニズムについて、ちょっと説明したおいた方がいいでしょうね。

感情の問題の中でメジャーなものは二つあるんですが、それは「不安」と「うつ」です。この二つは似たようなものと思われるかもしれませんが、実は全然別種のものなんです。

奥様の場合、メインになっているのは「不安」です。

「不安」というのは、未来の時間に対するものなんですね。「これからどうなっちゃうんだろう」「すごく悲劇的なことが将来起こるかもしれない」「なにかに失敗するかもしれない」「今あるものが崩れてしまうかもしれない」……というふうな未来に対してのマイナスの感情、これが「不安」です。

「うつ」というのは逆なんです。これは過去に向かっている感情です。「なぜあんなことをしてしまったのか」「失敗した」「それは自分の責任だ」「もう自分は駄目だ」というふうに、過去のある出来事を自分と関連づけて悔やむ。これが「うつ」です。

で、これはとても難しい質問だと思うんですが、奥様が不安発作に襲われている時、いったい未来に起こるどんな悲劇的なことを想定していらっしゃるんでしょうか？　あるいは、今あるもののなにが崩れてしまうと恐れているのでしょうか？　あるいは、なにに失敗すると恐れているのでしょうか？

　もちろん今、極めて漠然としたものがワーッと奥様を襲っているわけなんですけれども、でもそこにはなにか正体があるはずなんですよ。未来のことで、なにか恐れているものが……それはなんなんでしょう？


　このようにして〝原因〟探しが続けられました。ただし、いつのまにか〝原因〟は過去にあるのではなく、未来にあるのだというふうに話が変わっていますが……。

　このあと、お二人には宿題が出されました。ご主人には「奥様を安心させるようなちょっとしたことを、毎日、奥様に気づかれないようにやっていただくこと」、奥様には「ご主人が毎日なにをやっているかを当てること」です。次回の面接での答え合わせが約束されました。

　この日を境に、奥様の不安発作は、きれいに消失してしまったのです。

「答え」は結局明らかにされず、ご主人が毎日なにをされているのか分かりません。そして、不安発作の〝本当の原因〟がなんだったのか、私も含めて誰も知らないままなのです。

〈6〉「外在化」と「例外探し」の実際

身体症状に対する「外在化」

さて、ブリーフセラピーの中で、もっとも手軽で、かつ重要な技法はなにかと尋ねられれば、それは「外在化」と「例外探し」だと、私なら答えます。

で、最近、教育現場の先生の報告を手に入れる機会がありまして、その中にこの「外在化」と「例外探し」についての逐語録が載っているのがありました。

私のものよりも、こちらの方が皆様の普段のお仕事に近いでしょうから、こっちをご紹介いたしましょうね。

では、最初は、栃木県で養護教諭をされている玉田聖子先生のご報告です。

さまざまな身体症状を訴えては、保健室に頻繁にやってくるミオクローヌスてんかんの児童に対して、玉田先生はこんなふうに対応されておられます。（T：先生、S：児童）

今日は、右肩が痛い、と訴えて保健室にやってくる。痛みの話を聞き、様子を観察。筋肉痛と養護判断をした後に、

T　じゃあ、右肩の痛いの、手のひらに移してみようか？

S　ええ？　そんなのできるの？

〔と、不思議そうな顔〕

T　できるよ。こうやって……

〔と、左の手のひらを右肩にあて、手をそえてあげる〕

……どうかな？

〔と手を離す〕

S　うん、少し痛くなくなった。

T　痛いの、少しになった？

S　うん。

T　授業、どうしようか？
S　行ってみる。
T　そう。じゃあ、頑張ってね。
S　うん。また来ていい？
T　いいよ。

「手のひらに移した痛み」は、本児童が気にしていないので、そのままにした。翌日、本児童に聞いたところ、「右肩の痛み」はなくなったとのことである。

はい、お見事です！

まず、「痛いの」と〝名づける〟ことによって、痛みを対象化して取り出し、次いでその対処法を指導している部分が、「外在化」です。

このケースを、「痛みを訴えて頻繁に保健室にやってくる問題児童」という捉え方をすると、それは〝問題〟を、この子の中に「内在化」させたことになってしまいます。

しかし、明らかに悪いのはこの子ではなく、「痛み」であるわけです。「痛み」が、この子を授業に出られなくさせてしまっているのです。この子が、「授業に出ない子」であるわけではないのです。それが証拠に、痛みが和らいだ時、この子はちゃんと授業に戻っているじゃないですか。

「痛いの」っていうふうに〝名づけて〟あげると、〝問題〟がこの子から取り出され、「あなたのせい」ではなくなります。あとは、その〝問題〟に、どう対処していけばいいかを教えてあげれば（あるいは一緒に考えてあげれば）いいわけです。

この場合、それが「右肩の痛みを左の手のひらに移す」であったわけです。この子は、それでうまく痛みをコントロールしてしまいました。

このように「外在化」は、身体症状に対し、しばしばとても効力のあるアプローチとなります。

「……虫」シリーズ

もちろん「外在化」は、身体症状に対してだけ使える技法ではありません。

「不登校」に対しても、この「外在化」を用いている先生方がいます。

『大阪府高槻市教育研究所報』（一九九七年三月、No.70，p.p.3–6）に、「問題の『外在化』という技法を用いた実践例」という報告があります。その一部を抜粋引用してみましょう。

……「外在化」の技法は、前スーパーバイザーの東豊氏の臨床例（注：「なまけ虫」を使った事例）から知見を得たものであり、スーパーバイザー吉川悟氏からスーパービジョンを受けながら、今年度は十三例に対して実践した。そして、いずれも短期に問題を解決する強力な技法であることを経験できたので、紹介したい。

第2回面接　A子（小4）、母

Th　A子ちゃん、本当は学校へ行きたいんでしょう？　だけど行けないんだね？
A子　うん……朝になると、しんどくなるの。
Th　お母さん、以前のA子ちゃんと比べてどうですか？
母　以前は休まず行っていたし、勉強も好きでした。どうしてこんなことになったのか、不思議でしょうがないんです。
Th　そうでしょう？
実は、学校へ行かないのは、A子ちゃんのせいじゃないんです。
悪いのはね、「虫」なんです。
〔二人、不思議そうな顔でThを見る〕
不思議に思われるかもしれないけど、嫌なことがあって悩んでいる子や、身体の調子の悪い子を見つけると、虫がとりついて、その子を学校に行かさないように足を引っ張るんです。今、A子ちゃんがこういう状態なのは、全部この虫のせいなんです。

A子ちゃん、本当は学校に行きたいんでしょう?

A子　行きたい。

Th　でもお腹の虫が、お腹いたや頭いたや熱で、A子ちゃんをしんどくさせちゃうんだよ。悪い虫だねぇ。

〔A子のお腹をなでながら〕

ほーら、こんなにたくさん虫が動いてる。

虫に、エサをやったらだめだよ。

虫のエサは、なにかな?

A子　〔しばらく考えて〕学校に行け行けって言われると、よけいにしんどくなる。

Th　じゃあ、お母さんに、虫にエサをやらないようにしてもらおうね。

A子　うん。

母　分かりました。虫にエサをやらないようにします。

Th　お母さんと、A子ちゃんと、先生の三人で、早くこの虫をやっつけようね。次までに頑張って、どれだけ虫が弱るか、見ていきましょうね。

第3回面接

この間、三日間は母と一緒に登校し、終日、母が付き添う。その後の十日間は、母は送迎のみ、十日目に本人ひとりで帰宅。以後、ひとりで登下校するようになる。

朝もさっさと着替えをし、友達ともよく遊ぶようになり、以前よりも明るくなった。

母は「信じられない」と嬉しそうに話す。

第4回面接

三週間、ひとりで元気よく登校、生き生きして、友達も多くでき、楽しく遊んでいる様子。終結とする。

この報告の後半には、「外在化」に関する優れた考察も載っていますので、皆様もこの論文を手に入れられることを強くお勧めいたします。

一つだけ私からのコメント。

このように、〝問題〟を「外在化」しておくと、家族の協力が得られやすくなります。

ここで、もし〝問題〟を母親の中に「内在化」させてしまったとすれば（すなわち、「子どもにうるさく言う母親が問題」とすれば)、ここにあるような母親の言葉を引き出すことに、きっと大変苦労することになったでしょう。

「例外探し」の実際

再び、玉田先生のあの子に登場願いましょう。

今度は、右足の爪先の痛みを訴えてくる。靴・靴下を脱がせて確認してみるが、外傷・変形等は確認できず。また、それらを脱がせても痛みは変わらない。そのうちに、車椅子の上で、上半身を前に傾け始める。

S　本当はね、お腹も痛いの。
T　〔同じしぐさをして〕お腹も痛いの?
S　そう……〔と困った顔〕
T　足とお腹が痛いのね?
S　うん。
T　うーん、じゃあねぇ、痛くないところはどこ?

S　うーん……あのね、頭。
T　え⁉　頭の調子はいいの？
S　それとね、手の調子もいいの。
〔表情がパッと明るくなる〕
T　それじゃ、ここから上は調子いいのね？
S　そう。だから、授業に出れる！
T　どうして？
S　頭と手の調子がいいから。手の調子がいいと、授業は大丈夫なの！
T　そう。良かったぁ。
S　じゃあ、授業に行ってきま〜す！
〔と、車椅子をこいで出口に向かう〕
T　がんばってね。
〔と、ドアを開けてあげる〕
　この後、本児童の保健室の来室はあるものの、痛みに対する不安が薄らぎ、具体的に受けとめられるようになり、安定してきた。

「例外」とは、**『すでに起こっている解決の一部、あるいは例外的に存在している解決の状態』**のことを言います。クライエントというものは、概して一〇〇％〝問題〟の中に自分はいると思っているものです。ですが、事実はそんなことはありません。そこで援助者は、うまくいっている部分にクライエントが視線を移せるように、たとえば玉田先生のように声かけしてあげるわけです。これが「例外探し」です。

時にこれは、このように劇的な変化を産み出します。

ここで紹介した先生方は、それぞれ経験豊富で、非常にセンス豊かな先生方であることは確かです。

それはそうであるにせよ、でも、やられていることはご覧のように実にシンプルで簡単なことです。決して複雑怪奇なことをされているわけではないのです。

そして、皆様もきっと、こんなようなことは一度ならずされたことがあるはずです。

ブリーフセラピーというものは、決して特殊な、奇抜な、複雑なことをするものではありません。

ごく普通のことを、普通にやればいいわけです。

〝問題〟を「ほじくりまわす」ことさえしなければ……ね。

〈7〉ゴール・セッティングの実際

さて、何度も繰り返しておりますように、「ゴール・セッティング」をきちんとすることは、面接を進める上では重要なことのひとつであり、また、それをするだけで治療的で、あとはなにもしなくてもいい場合もある、と言ってもよいくらいのものです。そして、設定されたゴールが良いものであるためには、それなりの要件があるという話も、もう何度もしましたから繰り返しません。

ただ、ひとつだけもう一度強調しておきたいことがあります。それは、『**ゴールは本人の中にあるものであり、外から与えられるものではない。したがって、援助者の仕事はゴールを与えることではなく、本人の中にあるゴールを引き出すことである**』ということです。

このことを念頭に置かれて、どうぞお読みください。

事例の概要

まず、簡単に、事例の内容をお話ししましょう。

ある対人緊張の強い十九歳の青年が、「人と交わることが難しく、学校などに行けない。今は家に閉じこもっているような状態」ということで、私のところにやって来ました。

彼は、小さい時から対人関係は苦手な方でしたが、それでも中学校まで学校に通えていました。しかし、高校受験に失敗し、志望でない高校に入学することになって、そこはもう三日目から登校しなくなってしまいました。

それからというもの、ほとんど家に閉じこもっているようになってしまったのです。当時はかなり荒れていたようで、一時、家庭内暴力もあったようです。

そういうことで、高校はすぐに中退し、その後、大検の勉強を始めました。大検も取れ、めでたくある大学に合格したのですが、せっかく入学した大学も、結局通いきれず、半年ほどで中退。別の大学を再受験しましたがそこは失敗。また、専門学校にも通ったようですが、三、四日で退学しています。

彼は、ここ四年間、あるクリニックでカウンセリングを受けていましたが、成果に疑問を感じ始めたということで、私のところに来られることになりました。
それは、ある年の六月のことでした。

初回面接（Th：森、Cl：クライエント）

［面接の冒頭。同伴された母親が退室されて］

Th　はじめまして。○○さんですね。

Cl　はい。

Th　どうですか？　最近の調子……

Cl　やっぱりコントロールが……共同活動みたいな、人と交わって行動することができないので、大学とか専門学校とかが、どうしても恐くなっちゃって、長く続かなくて……

Th　今はどこにも行っていないんですね？

Cl　はい。

Th　じゃあ、毎日お家の中で……

Cl　はい。

冒頭のこれだけの部分でさえ、すでに解説を入れようと思えばいくつも入れられるんですが、長くなりますので次に行きましょう。

さて、皆さんなら、この後どう話を続けられますか？

私は、こんなふうにしてみました。

Th ［相談票の住所の部分を見て］ええっと、ここは一戸建てかな？

Cl はい。

Th じゃあ、二階に君の部屋があって……

Cl はい。

Th その中で一日……

Cl はい。

Th それとも、一階の居間の所で……

Cl あ…出て行きます。

Th 買い物とか……

Cl はい。

Th 外へ……

Cl　一応、毎日外へ出て行きます。

アレレ？　こもってたんじゃないの？　毎日、外へ出てるの？

こういうことは、具体的に詳しく聞いていって初めて〝引き出せる〟情報ですし、これだって一種の〝例外探し〟なんです。

私が情報を得ているだけでなく、彼自身が「外に出ている自分」を発見できるのです。

その発見した瞬間が、「あ…出て行きます」の「あ」です。

Th　外へ出て行く……外に出るのは、買い物？
Cl　はい。
Th　あとは？
Cl　あとはない。
Th　あとはないのね。じゃ、一日のうちで今は、何分ぐらいお陽様に当たってるんですか？
Cl　買い物に出る一時間くらい。
Th　一時間くらいね。……ええっと、買い物は普通にできるのね？
Cl　はい。

Th　はい、その時……その時はどうなの？　買い物に行く途中で人と出会うだろうし、買い物に行けば店員さんとお話ししなきゃいけないし、いろんな人がいるだろうし……

Cl　簡単な、本買うぐらいしかできなくて、靴買ったりとか、サイズ合わしたりとか、そういうのはちょっと難しい。

Th　ふんふん。本は買えるけど、靴は買えない……店員といろいろ交渉するというか、話し合って何かしながらっていうのは難しい？

Cl　はい。

はい、だいぶ〝問題〟が具体的になってきましたね。実際は、このあといろいろと話は脱線していきますが、そこは飛ばして、〝ゴール〟の話へ移りましょう。

Th　……ここに期待することってなんだろう？　ここで、どんなものを手に入れられると期待しているのかな？

Cl　……人格とか、自分の心の中の仕組みについて……なんで人と付きあえないんだろうとか……これからの人間関係のあり方みたいなものを……

コラコラ。せっかく人が良いゴール設定をしようとしているのに、君々、これはいけませんねぇ。こういう時は、クライエントの〝問題〟のとらえ方、すなわちその「枠組み」自体を、ちょっと揺さぶってあげなくちゃあいけません。

本人は、自分のことを「病気だ」と言うもんですから、その話を取り上げます。

Th 君は統合失調症なんですか？

Cl え？ ……違うと思います。

Th 違うよな。だから「病気」って言っても、君は統合失調症のことを言っているわけじゃないんだよね。それとも、そんなような診断を受けたことあるの？

Cl ありません。

Th ない。というと、病名で言うと、君はなんだって言うんだ？

Cl 「ただの病気」だろうって……

Th 「ただの病気」……［皆、笑い］……対人恐怖症？……とも言われない？

Cl はい。

Th ［笑い］……何の病気を治すんだい？

Cl　人にとけ込むことが恐くて、長時間、人の中にいると、なかなか友達とか作れなくて、だんだん苦しくなってきちゃって、そこから抜け出したくなっちゃう……

Th　……という病気？

Cl　はい。

Th　「人と付きあう方法がうまく見つからない」ということだね？　それは「問題」ではあるけれども、「病気」じゃないな。

Cl　はい。［うなずく］

Th　しかも、かなり技術的な話だよね。

Cl　［何度もうなずく］

……てな感じで〝問題〟の枠組みを変えておいて……

Th　その技術が獲得できればいいんだよね。

Cl　［うなずく］

Th　君は病気じゃないよ。ただ、ちょっとばかし技術が足りない。

Cl　［何度もうなずく］

Th　技術が足りないというのはなぜかというと、体験が足りないからだ。

Cl はい。

Th 高校一年の時から、人の中に入ってなにかするという体験が足りないから、本当だったら獲得されているはずの技術を獲得できていない。

Cl はい。

Th ね？ ……その技術を、一つひとつ身につけていくことだね。効率よく……

……というような方針で、ここではやりたいと思っているんですけど……いいですか？

Cl はい。

パチパチパチ、ようやく方針が二人の間で確認されました。

さて、もっと目標を明確にしておきましょう。

ゴール・セッティング

Th どのぐらいを目標にします？

どのへんまでになることを、だいだいどのぐらいの期間で達成できればいいのか？

だいたいの目安は？

Cl ……どこの学校でもいいから、普通に通うことができるようになればいいと思う。

Th それを、どのぐらいの期間で、そこまでいければいいの？

Cl 来年頃までに。

Th 来年のいつ？　来年の四月に入学できればいいの？

Cl はい。

Th 来年の四月に、まあどこの学校に入るかわかんないけど、そこでずっと通えるようになればいい。そんな感じ？

Cl はい。

Th じゃあ、十か月はかかるなあ。［笑い］十か月の間に、受験する学校を選び、そして毎日通えるぐらいの状況を作っていく……

Cl はい。

長期目標はこれでいいのですが、もっと身近な目標がほしいですねぇ。

Th じゃあねえ……もうちょっと短くして……

八月が終わるぐらい、要するに夏が終わるぐらいまで……来年の四月から学校に通い始めるようになるために、この夏の終わりまでに、どうなりたい？

Cl　**［長い間、しばらく考えて］**……自分でなんでも買えたり、どっか一人で遠くまで行ける。

Th　「遠く」って、どこだ？［笑い］

Cl　……電車で、自分で乗って……

Th　今、電車、乗れないの？

Cl　乗れるけど、初めての所だと……

Th　初めての所？　どっか行きたい所あるの？

Cl　……

Th　……どこに行きたい？……ハワイ？［笑い］

Cl　…北海道？　沖縄？……

Th　……とりあえず、東京だったら、どこの駅でも、すぐに行けるようになりたい。

Cl　東京都内だったらどこでも行けるように、この夏ぐらいまでになればいい……

Th　はい。

Cl　じゃあ、目標は二つだな？　この夏は……

どこでも自分で買い物に行けるようになることと、東京都内だったらどの駅でも降りられるようになること。

はい、いいですねぇ。

はい、ゴール・セッティングができました。

ね？〝問題〟に対する枠組みを変えておくと、彼もなかなか良い〝ゴール〟を構築できるでしょ？〝問題〟に対する枠組みを変えるというところを除いては、どこにも複雑で難しいところなんかないですよね？

そして、お分かりいただけたでしょうか？

『クライエントの中にある〝ゴール〟を引き出す』という意味が……。

最も大事な瞬間は、本人がなにが自分のゴールなのかを考えているあの「間」なのです。

さて、あとは最後の詰めを残すのみです。

宿題

Th　じゃあねぇ、次回までの宿題。……今、なに買いたい？

Cl ……靴買いたい。

Th うん、靴……じゃあねぇ、君は次回までに、靴買いなさい。

Cl はい。

Th ただ「行ってこい」って言うだけでいいなら、私はとっても楽なんですけど、「行ってこい」と言ったら、やれるかい？

［皆、大笑い］

それとも、なんか教えといてあげなくちゃいけないかな？

それとも、私は「行ってこい」と言うだけで、あとは「はい」って感じで、自分ででできる？

Cl ……できそうな気がします。［ニッコリ笑う］

Th あ、本当!? ああ、そりゃいいわ！［笑い］

じゃあ、新しく買った靴、今度履いておいで。

本当になんにもアドバイスしとかなくて、大丈夫？

Cl はい。

Th じゃあ、アドバイスなしでいきましょう。

では、次回ね、楽しみに待ってるよ。

Cl　あ、どうもありがとうございました。

これで、『ゴール・セッティング自体が治療的である』という意味も分かっていただけたんじゃないかな、と思います。

ただ、実際に彼が靴を買えるようになるまでには、少々時間がかかりましたし、いろいろと教えてあげなくてはなりませんでした。

それでも、彼は靴を買えるようになりました。

靴が買えるようになっただけでなく、電車に乗って一人でいろんな所へ行けるようになりましたし、銀行でお金をおろせるようになりましたし、喫茶店に一人で入れるようになりましたし、女の子から声をかけられるという体験もしました。語学検定にも合格しました。なにより、彼は第一志望のかなり難しい大学に合格し、そして、今でも元気に通っています。友達も、ぼちぼちできかけています。

今では、彼もそしてご家族も、「奇跡のようだ」と喜んでおられます。

むろん、こうしたことはすべて、彼自身が成し遂げたのです。

彼自身が、自分の中に〝ゴール〟を見つけ、それを達成できる自分の能力を発見していったのです。

〈8〉

〝合わせる〟ということ

——治療者ークライエント関係の査定

ここまで、〝合わせる〟ということについて、あまりふれてきませんでしたが、ブリーフセラピーにおいて最も重要なものは、実はこれ。というよりは、「これがなければ始まらない」ものなんです。これは「ブリーフセラピーにおいては」じゃなくて、どんなアプローチをするにせよ、絶対に必要なものだと思いますが……。

クライエントは一人ひとり皆違う人間です。たとえば不登校といってもいろいろなケースがあります。ですので、クライエント一人ひとりに合わせた対応というものが必要となってくるでしょう。また、だいたい誰かと関係をつくろうという時は、まずは相手のもっているものを受け入れ、そこに合わせていくことから始めなければ始まらない。最初から〝問題〟を指摘したり、喧嘩を売っても仕方ないでしょう。

〝合わせる〟ということは、従来「共感」と呼ばれていたものに近いものです。ただ、まったく同じというわけではありません。

〝合わせる〟ことと「共感」

この二つの違いについて簡単に述べておきましょう。

一つは、〝合わせる〟という時には、「情緒」や「気持ち」の部分にあまり力点を置いていないということです。もちろん「情緒」や「気持ち」も大事ですが、それよりももっと全体的で、かつ見て分かるその人の「スタイル」とか「パターン」といったものに〝合わせる〟わけです。それは相手の「言葉づかい」であったり、態度や姿勢や動きであったり、その人の価値観であったり、考え方や発想の枠組みであったり、興味・関心・趣味・嗜好であったりするでしょう。

それほど「共感」がなくても、（たとえば話を）〝合わせる〟ことはできます。〝合わせる〟ことは、一種の「技術（わざ）」であって、感情的（感傷的？）なものではありません。逆に「感情」としての「共感」がありすぎる（情緒的な部分に目が行きすぎたり、同一視がすぎる）と、それによって「全体」が見えなくなってしまったり、〝合わせている〟というよりも「流されている」「巻きこまれている」と言った方がよいような状態になってしまいことが多いものです。

第二に、〝合わせる〟場合には、まずは一方的に、こちらが相手に合わせます。だからこれは、「受け容れる」という受動的なものより、より積極的・能動的なものです。この際、向こうがこちらに合わせてくれることを期待してはいけません。

「積極的」というと、なんとかして「変化させよう」というふうにかかわることだと思われがちですが、そうではありません（それはたいてい逆効果です）。「積極的」に〝合わせる〟のです。合わせてから、「変化」です。〝合わせる〟ことをすっ飛ばして、最初から「変化」させようと人は考えすぎです。

〝合わせる〟ためのアセスメント（査定）

心理療法において、アセスメント（査定）はとても重要な位置を占めています。ただ「なんのためのアセスメントか」ということをしっかり押さえておかないと、アセスメントは単なるレッテル貼り、レッテルを貼って人をおとしめる「武器」と化してしまいます。

心理療法（あるいは治療）におけるアセスメントは、その後の対応策・方針を立てるために行われます。もし仮にアセスメントは行われたが、そこからなんらの方針も立たないとしたら、そんなものは（少なくとも臨床実践においては）なんの意味もありません。

これは「診断」においても同じで、たとえば、統合失調症だという診断は下したが、どうしたらいいかはさっぱり分からない（あるいは、統合失調症だから絶望だと思う）というのであれば、この診断は（臨床上）なんの意味もないわけで、そんな診断だったらしない方がましです。

しかし、状況に合った適切な対応をしたいと思えば、状況を正確にアセスメントする必要があります。

〝合わせる〟といっても、合わせる先のものが分かっていなくては、合わせられないでしょう。たとえば、相手の「言葉」に合わせるためには、その「言葉」がどんなものかを知っていなくてはなりません。相手の価値観に合わせるためには、その価値観を知っていなくてはなりません。これがアセスメントです。そしてアセスメントは〝合わせる〟ために行われるのです。

では、なにをアセスメントするのかというと、これは無数に考えられるのですが、その中でもいくつか重要なものがあります。解決に焦点を当てたアプローチSolution-Focused Approach（BFTCモデル）では、それについてなんと言っているかを、ここで紹介したいと思います（出典『ブリーフセラピー入門』一〇二〜一一七頁、金剛出版）。

治療者―クライエント関係のアセスメント

ＢＦＴＣモデルでは、治療者―クライエント関係には三つのタイプがある（四つと言う人もいるようですが、三つで充分でしょう）とされています。そして、それぞれのタイプに合った対応のしかたを、マニュアル的に示しています。

それは以下のようなものです。

①　ビジター・タイプの関係

クライエント（相談にやって来た人）自身は、問題を感じていないか、感じていてもそれを表明しない場合。あるいは問題は感じていても、変化を望んでいないか、変化をまったく期待できないと思っている場合。たとえば、私の酒・タバコ問題のようなこと。

多くこういう人は、誰かに言われたから相談室に来ている。しようがなく来たが、別に相談室でなにかしようとか、なにかしてもらおうとか思ってない。モティベーションが全然ない。あるでしょ？　こういうケース……。

さてどうするか？

対応その一……「誉める」。なんでもいいから誉める。探してでも誉める。たとえば茶髪君が来たならば、「いやあ、ええ色に染まってまんなぁ！　その美容師さん、ええ腕してるわ！」などと誉めてもよい。演技の上手な人ならば、心にもないオベンチャラを上手に言えるだろうが、下手な人は本当に思っていることの中から良いことを見つけ出しては、ひそやかに誉める（誰もオーバーに誉めなさいとは言ってない）。

中でも絶対誉めて（あるいはねぎらって）おかなければならない点がある。それは「ここに来てくれた」こと。「いやあ、よう来てくれたなあ」とか「忙しいところ、すまんことしたなあ」とか「嫌やったやろ？　それでも来てくれて嬉しいわあ」とか「あの先生のメンツ立てて来たんやろ？　義理堅いとこ、あるやんか。やっぱりこの世で一番大切なものは、義理人情やからねぇ。偉い！」とか、なんでもいいから誉める。ここはすごい大事！

こんな感じで入れれば、クライエントの態度も柔らかくなるであろうから、そこで日常の話を聞きながら、クライエントがやっていることの中でうまくいっていることを見つけ出して誉める。あるいは、クライエントが興味を持っていることについて、ただただ雑談に打ち興じ、チャンスを見つけて誉める。

対応その二……「帰す」。「じゃあね」と帰す。「もし良かったら、またおいで」と言ってもよい。対応は、**これだけ**。というよりも、これ以上のことを**してはいけない**。たとえば、「そういうふうに問題を感じとらんところが、一番の問題なんじゃ！」などと言うのは言語道断。そこまでいかなくとも、本人の方から問題を表明しないものだから、何か引き出そうとカウンセラーは躍起になるかもしれないが、それもしない。Solution-Focused Approachでは、カウンセラーの方から〝問題〟を提出することは決してない。

このように対応しておけば、良い関係がつくられるかもしれないし、そうしたら今度は本人の方から自発的に相談にやってくるかもしれない。その時点で、きちんと対応すればよいし、それがタイミングというものである。

② コンプレイナント・タイプの関係

クライエントが不満ばっかり言っている場合。ビジターと違って、問題は感じており、困っていることがある。またなんとかしたいとも思っている。しかし、問題なのは自分の周りの人であって、自分ではないと思っている。だから、問題を解決するためには、自分以外の誰かが変わらなくてはならないと思っている。自分のことは棚にあげて、人の悪口ばかりを言っているような場合。ありますよね？　こういうケース……。

さてどうするか？

対応その一……「誉める」。なんでもいいから誉める。たとえば夫婦関係の問題で奥さんが来られたとしたら、「ええブローチしてはりまんなぁ」でもなんでもいいから誉める。探してでも誉める。もちろん「来てくれたこと」に対しても誉める。「本当だったら、問題のその御主人がここに来なければならないところなのに、よく奥さんの方が来られました。お忙しかったでしょうに……」などと誉めるのもよい。そして、そのつらい状況の中でよく頑張ってこられたことを誉める(しばしばクライエントはここで泣く)。同時に、どんなふうに頑張ってこられたかを聞くのも大変よい(これをコーピング・クエスチョンと呼ぶ)。

クライエントは周りのことをそれはよく、細かいところまで観察しているものである。それを誉める。「そういうふうに、よく御主人のことを観察しておくことが、とても大事なんです。私は御主人のことを何も知りませんし、また一緒に生活しているわけではありませんから、いったいどんなことが毎日起こっているのか、奥様がきちんと観察されて、私に情報提供していただかなくては、相談は進みません」などと理屈を付けておく。これ、すごい大事! 次の「対応その二」につなげるためである。

対応その二……〝例外探し〟の観察課題を出す。ここまで誉めるだけ誉めてあるし、観察課題の理屈付けも終わっているので、たいていの場合、快く協力してくれる。

「これから御主人の様子をよく観察していてくださいね。それを次回報告してほしいんです。忘れるといけませんから、メモなんか取っておいていただくと助かります。いろいろなことを観察して報告いただきたいわけですが、とりわけ御主人とのことで、『こんな感じのことがもっと起こってくれればいいのに』と奥様が感じられたことはなんだったかということを、報告してほしいのです。どんな小さなことでもいいですから、教えてくださいね」などと伝える。ここでの注意点は、決して「自分」に対する観察を含ませないこと！

対応は、**これだけ**。というよりも、これ以上のことを**してはいけない**。たとえば、「人のことばっかり言って、アンタの方がよっぽど問題じゃ！」などとは、口が裂けても言わないこと！

③ カスタマー・タイプの関係

クライエントは困っており、なんとかしたいと思っている。そして、それを自分の問題としても捉えており、自らが積極的に変化したり、変化に向けて関与していくことが必要だと感じている。なにかを行動に移す意欲がある場合。

さてどうするか？

対応その一……「誉める」。こういう場合は誉めやすいはずです。だからしっかり誉める。

特に、今までやってきたことの中で良かったことを取り上げ、しっかり誉める。そして、自らが変化しよう、行動しようと思っていることを称賛し、その重要性を強調する。

対応その二……〝ゴール・セッティング〟をしっかり行い、そしてそのゴールに向けて「試しにこんなことをされてみてはいかがですか」と、**具体的な行動課題**を出す。この場合、なんらかの指示を出してあげることが重要である。ただ「話を聞きました」だけでは、クライエントの側に欲求不満が残る。

いかがですか？　ケースに〝合わせる〟対応ということがどういうことなのか？　そして、たとえば「誉める」というところからもお分かりのように、〝合わせる〟ということは、かなり積極的な行為なのだということがお分かりいただけたと思います。

関係づくりや対応がうまくいかない時は、それぞれのタイプに合わない対応をしているから、ということがほとんどです。ですから、最初のうちは、ここで述べたことを表か図にでもして、相談室の壁に貼っておくなり、机の上に置いておくなりして、それを見ながらやってください。「マニュアル」は、常にその弊害も含んでいるものですが、これはかなりよくできたマニュアルですので、心置きなくこれに忠実に（最初は）やってください。

とは言ってもやはり、これを用いる際の**「使用上の注意」**というものはあります。次節でそれについてお話ししましょう。

〈9〉査定する場合の注意

なんたらタイプの「使用上の注意」

前節〈8〉で、治療者―クライエント関係の査定についての話をして、それには三つのタイプ、すなわち、

① ビジター・タイプの関係
② コンプレイナント・タイプの関係
③ カスタマー・タイプの関係

があり、それぞれのタイプに合せた対応のしかたがある、ということを紹介しました。

ただし！　このタイプ・アセスメントにも「使用上の注意」というものがあります。それを頭に叩き込んでおかなければ、効果が出ないばかりか、「副作用」の心配すらあります。

さて、その「使用上の注意」とは、次の三つです。

①　これは「評価」ではありません。それぞれのタイプに「価値」を持ち込まないでください。

このタイプ分けを眺めていますと、一見、カスタマー・タイプが最も〝良い〟、そしてビジター・タイプが最も〝悪い〟ように思われます。が、実際はそんなことはありません。

たとえば、

カスタマー・タイプであれば、解決は早いか？

そんなことはありません。

ビジター・タイプは解決しないか？

そんなことはありません。

カスタマー・タイプの方がかかわりは容易で、ビジター・タイプは対応がしんどいか？

そんなことはありません。また、しばしばそれは逆です。(なぜならば、後に述べますが、カスタマー・タイプの方が、こちら側の仕事量は多いのです)。

ケースにうまく対応できるかどうか、その転帰が良好であるかどうかは、「ケースに合った対応ができているかどうか」で決まるのであって、それが「どのタイプであるか」によって決まるのではないのです。

このアセスメントは(前節で申しましたように)ケースに〝合わせる〟ためのものです。決して〝良い〟クライエントか〝悪い〟クライエントかを〝評価〟するためのものではありません。そして、これは非常によく誤解されることなのですが、クライエントの「成長モデル」(クライエントがビジター→コンプレイナント→カスタマーと〝成長〟していく)でもないのです。

そのような間違った捉え方をしていますと、ビジター・タイプに出会った時に、カウンセラーは反射的に、

「問題があるんだということすら、このクライエントはまだ気づいていない(あるいは、否認している)。早くコンプレイナントでもいいからなってほしい」

などと感じるでしょうし、コンプレイナントに出会った時に、

「このクライエントは、人のことばかり言っていて、自分のことに意識(注意)が向いて

いない。早くカスタマー・タイプに持っていかなくては……」

などと思うでしょう。

　こう思うのは、〝問題モード〟に入っている証拠です！　こちらがクライエントの中に〝問題〟を〝発見〟しているわけです。

　Solution-Focused Approach では、カウンセラーの方から〝問題〟を提出することは、まずありません。

　ビジター・タイプなら、

「どうだい、調子は？」

と聞いたら、

「いいッスヨ」

と答えるかもしれませんが、そしたら、

「そりゃよかったね」

と、こちらは返すわけです。

　これが「自然なやりとり」というやつです。

「そんなこたぁないだろう！」

というのは「不自然」です。

ここではまだ、〝問題〟について話し合う〝関係〟ができあがっていないわけですから、まずは雑談に打ち興じながら〝関係〟を作ることを対応の方針とするわけです。

「ブリーフ」と言いながら、悠長な対応のように見えるかもしれませんが、まあやってみてください。この方が「早い」のです。

要するに、「急がば回れ」です。

ともかく、「評価」ではなく、目の前の状況に〝合わせる〟ためのアセスメントなのだということを、頭に叩き込んでおいてください。

②　これは〝関係〟の査定です。〝クライエント〟の査定ではありません。

ここで査定していることは、

「私とあなたが、これこれの状況において、今ここで会っている時に、どのタイプの関係になっているのか」ということであって、

「あなたは、××タイプの人間です」

ということを査定しているのではありません。

〝関係〟というやつは、相手や場所や状況が変わればどんどん変わっていきます。

たとえ今、ここで、この状況の中でビジター・タイプだとしても、別の時、別の人の前、

別の状況ならばカスタマー・タイプであるかもしれないのです。

初回、ビジター・タイプであっても、二回目以降は別のタイプかもしれません。一回の面接の中でさえ、そのタイプは変化する可能性があります。

タイプが変化すれば、それに合わせて対応も変化させることになります。

(①で述べたように、これはクライエントの変化にこちらが合わせるのであって、こちらが誘導することではありません)。

「この人はビジター・タイプである」などとは絶対に思わないでください。

このように人を決めつけてしまうことが、人を固定化させ、その変化を妨げてしまうのです。

③ もし、タイプ分けに迷ったら、とりあえず番号の小さい方に合わせてください。

もしビジターなのかコンプレイナントなのか迷ったら、とりあえずビジターということにしておき、コンプレイナントかカスタマーか迷ったら、とりあえずコンプレイナント用の対応をしておきます。

さきほど、このモデルはクライエントの「成長モデル」ではないと言いましたが、ではいったい何の順に並んでいるのかというと、実はカウンセラーの仕事量の少ない順に並んでいるのです。

ビジター・タイプならば、こちらはただ誉めて、雑談に興じていればいいだけの話で、考え様によってはこんな楽な仕事はありません。

カスタマー・タイプならば、誉めなきゃいけないわ、ゴール・セッティングはきちんとしなきゃいけないわ、その上、具体的な行動課題を出さなきゃいけないわで、カウンセラーはめちゃめちゃ忙しいわけです。

ここで、番号の小さい方に合わせろという場合のそのココロは、「迷ったら仕事量を少なくせよ」ということなのです。

要するに、迷っている（分からない）時にはいろいろ動き回るのではなく、余計なこと（変に「共感」したり、知ったかぶりでなにか偉そうなことを言ったり、〝指導〟したり、処置したり）はしないで、こちらの対応が相手に与える「副作用」を最小限にできるように、慎重に対処しろということなのです。

カウンセラーというものは、そもそも人に余計なお節介をしたがって、相手から煙たがられるような人種です。カウンセラーの動きが（それがたとえ「共感」であっても）、いつもいつも相手に益を与えるとは限りません。

私が、この〝マニュアル〟をお勧めするのは、このようにカウンセリングや心理療法が持っている「副作用」に対して、十分な配慮がなされているからです。

もしかしたら、この〝マニュアル〟でやっても、あまり「効かない」かもしれません。もっと「効く」〝マニュアル〟もあるでしょう。

しかし、「劇薬」は「効く」反面「副作用」も強いですし、「はずした」時は、悲惨な結果を生みます。

ここでご紹介している〝マニュアル〟は、「使用上の注意」さえ守れば、ほとんど「副作用」の心配がありませんし、その効果もかなり高く保証されるでしょう。


いかがでしょうか？

〝問題モード〟ではないということが、具体的にどういうことなのかが、イメージされたでしょうか？

次の第2章では、逐語をご紹介しながら、ブリーフセラピーの進め方の実際について、より具体的にイメージしていただけるよう解説していきます。

第2章

ブリーフセラピーの進め方の実際

〈1〉面接の進め方

これからご紹介する模擬面接は、学校の先生を対象にしたブリーフセラピーの連続講座の中で行われたものです。

参加者の先生方の中から、お二人の先生にご登場いただき、片方の先生がクライエント役(ロールではなく、ご自分の実際の問題を語る)、もう一人の先生がカウンセラー役となり、即興のブリーフセラピーをやっていただきました。私は、途中でコメントを出したり、時にはかわりにやってみたりする役です。

これからその時の様子を、逐語でご紹介していこうと思います。(ビデオから逐語記録の作成を担当された先生、本当にご苦労様でした。心より感謝、感謝!)が、その前にブリーフセラピーの面接の進め方を、ごく簡単に紹介しておきましょう。

ブリーフセラピーの初回面接は、たとえば次のように展開していきます。

①　クライエントの話を聞く
②　ゴールについての話し合いを行う
③　解決に向けての話し合いを行う
④　介入——アドバイス・指示・課題などを与える

カウンセラーとクライエントが、ビジター・タイプの関係であるならば、①で終わりです。コンプレイナントやカスタマー・タイプの関係ならば、それぞれのタイプに合わせた形で、④まで進むことになるでしょう（カウンセラーとクライエントの関係の査定については、第1章〈8〉〈9〉を参照してください）。

ただし、①②③の順番は、しばしば行ったり来たりしますので、そんなに厳密には分けられないかもしれませんし、また、④は行う必要がない場合もあります。

さて、前置きはこれくらいにしておいて、さっそく、面接の様子を見てみましょう。

クライエントの話を聞く

（Cl：クライエント、Co：カウンセラーK先生）

Co　こんにちは。今日は、どんなご相談ですか？

［森　さっそくちょっとコメントを。

私は「どんなご相談ですか？」という言葉で面接を始めることは、めったにありません（多いのは、「いかがですか？」とか「どうですか、最近の調子（様子）は？」です）。

というのは、クライエントは常に私になにか相談したいと思っているとは限らないからです（ビジター・タイプを思い出してください）。相談しに来ているわけでもないのに、「どんなご相談ですか？」で始めたら、おかしなことになるでしょ？

「どんなご相談ですか？」という質問は、難しく言うと〝関係性〟を規定してしまう言葉なんです（あなた：相談する人、私：相談受ける人）。そうした規定を、出会った瞬間、相手にかかわりなくこちらが一方的にしてしまうのは、たとえば、近づいてきた女性に対して、いきなり私が「あなたは私に恋してますね」と言うのと、似たり寄ったりの話です。

こうした一方的な関係性の規定が、両者の関係をこじれさせる（かもしれない）ことは、今のた、

とえ話からもよくおわかりでしょう。】

Cl　あのう、相談することでもないかもしれないんですが、緊張してしまうことが多くて……

普段はそうでもないんですが、うまく言わなくちゃいけないとか、頑張らなくちゃいけないとか思うと、ものすごく緊張しちゃうんです。それが体調に出ちゃうんです。

Co　体調に？

【ここで反応するのは、得策ではありません。】

Cl　ええ、緊張性大腸炎をやったこともあるし……

【ほらね。問題が大きくなっちゃったでしょう？】

Co　緊張すると、体調に出てしまうということですね？

Cl　ええ、どうにかならないかなあ、と思って……

そこまでひどくなくても、手に汗をかいたり、動きがぎこちなくなったりするんです。

Co　緊張するとそうなるんですね？　大変ですねぇ。

Cl　あ、はい、どうもありがとうございます（苦笑）。

【これは、共感がクライエントを困らせるといういい例ですね。このことについては、後に詳しく述べます。】

Co　それで今日は、緊張するということでいらっしゃった。どういうことをされようとすると……

Cl　いろいろな場面でそういうことがあるんですが、今一番困っていることは、自動車教習所に通っているんですけど、教習所に行く前から胃が痛くなってしまって、行ってからは、教官にいろいろ言われると、右左さえも分からなくなってしまうんです。

［はい。ここは良い展開ですね。クライエントから具体的なことが語られ始めました。どんな場面で緊張するのかを具体的に聞くことは大変大事です。また、緊張するとどうなるのかについても、具体的に聞かなければなりません。一口に「緊張する」といっても、緊張する場面や緊張のしかた、緊張した結果起こること、その程度や頻度などは、一人ひとり皆違うわけですから、それを具体的に聞かなければ話を理解したことにはなりません。一番恐いのは、「緊張する」と聞いただけで、なにかが分かったような気になってしまうことです。

もちろん「緊張する」と聞けば、なにがしかのイメージがカウンセラーの中に湧き起こってくるでしょうが、それはカウンセラーが考える「緊張」であって、クライエントのものではないのです。「これはこうに違いない」という思い込みや決め付けが一番恐いのです。

とにかく「具体的に聞く」ということを習慣づけてください。］

Co　教習所で緊張すると、右も左も分からなくなるんですか？

Cl　そうなんです。ハンドルを握っていて「右に切れ」「左に切れ」と言われると、分からなくなるんです。昔から右左が苦手で、お茶碗持つときは……なんて確認してやってきたので、余計なんです。

Co　そうですか。それは切実な問題ですね。

Cl　ええ。だから行く前になると胃が痛くなってきて、「行きたくないなあ」と思うんです。

Co　教習所に行こうとすると胃が痛くなってきて、「行きたくないなあ」と思われるんですね。

[ちょっと持ったぁ!!　なんだか雰囲気が重〜くなってきてますよ〜。

そんなふうになってきたのは、たとえばカウンセラーが「切実な問題ですね」という言葉を使ったからです（さっきの「大変ですねぇ」という言葉もそうですが……）。

クライエントは「切実」という言葉を使っていませんし、実際「切実」なのかどうかは、分からないことです。

恐ろしいのは、カウンセラーが「切実」という言葉を使った瞬間に、クライエントも、もしかしたら「これは切実だ！」と思うかもしれない、ということです。カウンセラーの仕事は、問題を小さくすることであって、問題を大きくすることではありません。]

Co　教習所で左と言われても分からなくなるんですか？

Cl　そうですね。それだけじゃなくて、できないことがあると身体が固まってしまって、わけが分からなくなって、終わってからものすごく胃の調子が悪いんです。食欲がなくなったりして……

Co　できないと思うと身体が固まってしまうんですね。

Cl　ええ、神経性の胃潰瘍になったこともあるので、またそういう感じかなと思うんです。

Co　以前になったようになるんじゃないか、と思ってしまうんですか？　どうすればそうならないかと……

Cl　教習所で楽になるのは無理かもしれないけど、少しでもそうなったらいいなって……

Co　そうなったら気持ちよく教習所に通えるぞ、ということですか？

Cl　今のは教習所のことなんですけど、それだけじゃなくて、他の場面でもそういうことがあって……。いろんな場面であるので……

Co　いろんな場面であるから、それが良くなればということですね？

Cl　うまくやらなくちゃ、頑張らなくちゃと思うような場面になると緊張してしまって……テストとか……

Co　今、話されたように、「うまくやろう」とか「頑張ろう」とすると緊張するんだ、と気づかれたんですか？

Cl　たぶんそうかなと思って……

Co　たぶんそうかなと……。では、そう考えないでいれば、たとえば「うまくやらなくてもいいや」と思えばいいということですか？

Cl　そうですね（笑い）。普通のところでは緊張しないから……

Co　普通の場面ではない。「やらなくちゃ」と思うと緊張する、ということですね？

Cl　ええ。

〔うーん……まだ流れがおかしいですね。

さらに問題が深刻な感じになってきて、神経性胃潰瘍まで登場してきちゃうし、さっかく教習所という場面に話が焦点化されてきたのに、また場面が広がってしまいましたし、話が抽象的になってきました。

また「気づき」の話は、持ち出すにしても（普通、ブリーフセラピーでは持ち出さないんですが……）タイミングが早すぎます。ここはまだ「介入」の部分ではないんです。

一番最後のところで「普通のところでは緊張しない」という言葉が出てきています。ここは絶好のチャンスなんですが、K先生は「～すると緊張する」という〝問題モード〟の言葉で返してしまいました。これではチャンスを逃しています。

なにはともあれ、「オウム返し」や「明確化」の言葉があまりにも多すぎると、私は思います。

この段階では、カウンセラーは、あまり言葉を差しはさまない方がいい。

この辺りで何か言うとすれば、「それで？」とか「もう少し詳しく聞かせて？」とか「具体的には？」という種類の言葉でしょうし、もし共感を伝えたいのであれば、せいぜい「うん」とか「はあ」とか表情とか首の動きでそれを表現すればいいわけです。

ここで「オウム返し」や「明確化」を多用することは、とても得策とは思えません。というのは、この段階ではクライエントは当然、問題のことを語っているはずですから、それをそのままオウム返しや明確化すると、こちらの言葉まで〝問題〟の言葉になってしまうからです。そうした言葉の往復の回数が増えれば増えるほど、二人の話はどんどん「問題化」していき、二人して解決不能の蟻地獄にはまりこんでいきます。

『カウンセラーが漏らす言葉は、すべて〝暗示〟的効果がある』と覚えておかれるといいと思います。「大変なんですねぇ」と言うと、クライエントの問題は本当に「大変」になります。

（だから私は、面接の最終回に、「何かあったらまたおいで」という言葉は使わないようにしています。この言葉が「また何かあるぞ」という暗示になってしまうことを恐れるからです。これは極端な話かもしれませんが、でもそれくらい言葉選びは慎重にしたいものです。）

もしオウム返しをするのであれば、クライエントの〝問題〟の言葉に対してではなく、解決につながる言葉をクライエントが発した時にするのです。

たとえば、**「普通のところでは緊張しないから……」**とクライエントが言ったところで、「ああ、**普通のところでは緊張しないんですね」**とオウム**返**しをするのです。

K先生もちゃんとここでオウム**返**しされていますが、さらに**突っ込**んで**聞**いてあげたら、もっと**良**かったでしょう。

「たとえばどんな**時**なら**緊張**しないんですか?」

「そういう**時**って、どんなふうになってる（考えてる、**感**じてる）んですか?」などなど。

……さて、**「具体的に聞く」**というのを、**私**がちょっとやってみますから、**見**ていてくださいね。」

森　緊張する場面として、「テスト」ってなんですか?

Cl　先日、自分が受けたテストのことです。それを受ける前一か月ぐらい胃の調子が悪かったんです。

森　それは、しょっちゅうあるもんじゃないですよね?

Cl　ええ、一年に一回もないようなことです。

森　その他には?

Cl　……全校生徒の前で話すとき……

森　教室では、そうじゃないんですね?

Cl　ええ。

森　全校生徒の前で話すことって、どのくらいあるんですか？
Cl　学期に一回くらい。
森　はい。その他には？
Cl　……職員会議で発言するときかな？
森　はい。それはどのくらいの頻度ですか？
Cl　それも学期に一回くらい。
森　学期に一回くらいね。あとは？
Cl　あとは……研究授業とか……
森　それは？
Cl　それも年に一回くらいかな？（笑い）
[おわりですね？　**簡単**でしょ？

「いろんな**場面**」ということですから、「たとえばそれは？」とか「**他には？**」と、どんどん**聞い**ていけばいいだけの**話**です。ここでは、さらにその**頻度**が**尋**ねられています。そして、そのどれもが、**実**はとても**頻度**の**少**ないことだということが**分**かりました。

ね、ね？　〝**問題**〟が**大**きくなっていないでしょ？

具体的に**聞**くことによって、**事実以上**の〝**問題**〟の「**誇大視**」を**防**ぐことができるのです。

さて、いったん広がってしまった場面を狭めるためには、たとえば「いろいろな場面のことが出てきましたが、その中でもどれが良くなればもっとも楽になりますか?」とか「今、一番問題となっているのはどれですか?」と聞いてみるといいでしょう。

どうぞやってみてください。]

Co いろいろと教習所以外にもあげてもらいましたが、この中で一番自分が解決されたらいいなと思っておられることはなんですか?

Cl いま直面している問題が教習所のことなので、これをどうにかしたいと思っています。

Co 教習所のことをどうにかしたいと思っていらっしゃるんですね?

Cl はい。

[はい。結構です。ちょっと遠回りしましたが、話の流れがまた本線に戻ってきて、ターゲットが「教習所での緊張」に絞られました。

ここでよく受ける質問は、「ターゲットを絞り込んでしまうと、仮にそれが良くなったとしても、他のことが改善しないのではないか?」というものです。

確かに、場合によってはそういうこともあります。

そうなってしまう時の多くは、ターゲットの絞り込み方に問題があるのです。たとえば、ターゲットの絞り込みをカウンセラーの方がやってしまうと、そうなる可能性は高くなるでしょう。あくまでそれはクライエントにやってもらうことなのです。クライエントにそれをやってもらえた**時**は、この**種**の**心配**はたいてい**無用**です。それでもまだ**不安**ならば、クライエントに**聞**いてみればいいでしょう。

「それが良くなれば、他のことも良くなると思う？」

（ね？ **簡単**でしょ？ ブリーフセラピーでは、**難**しいことは**全部**クライエントに**聞**くんです。

カウンセラーは、な〜んにも**考**えなくていいんです）。

たとえば、ここだったら、**「もし、教習所での問題が楽になったとしたら、他の場面に対しても**

それを応用することができそうですか？」と**聞**いてもいいでしょう。

森　ところで、どうなんですか？　その点は？

Cl　場面が違ったらどうなるかよく分からないんですが、でも、緊張を抑えられるようないい方法がなにかあったとしたら、応用して使えるかなと思います。

Co　使えたらいいな、と思っていらっしゃる。普段の場面でも……。まずは、教習所の場面をと……

Cl　ええ、今は毎日行かなきゃいけないので……

はい。ここまではすべて『①クライエントの話を聞く』のステージに相当します。

大事なことをもう一度整理しておくと、

(1)　このステージの目的は、『**クライエントが**〝問題〟としていること、およびカウンセラーに期待していることを明確にすること』である。

(2)　そのために、話を**具体的に**聞いていくこと（抽象的な言葉が出てきたら、それを全部具体的な言葉に置き換えてもらう、くらいのつもりで聞いてちょうどいい）。

(3)　ここでは、あまり「オウム返し」や「明確化」の言葉は多用せず、共感は主にノンバーバルな部分で伝えること。

(4)　〝問題〟の部分に反応するのではなく、解決につながりそうな部分に反応すること。

ゴールについての話し合い

Co　先ほど、教習所の話をしていただきましたが、今までで楽だった日はないんですか？少しは楽だったという日は……

Cl　今までのところ、一日もないんです。

Co　そうですか……

【森　〝例外探し〟の質問をK先生がされました。いいですよ。タイミング的にもばっちりです。

「〝例外〟はない」という答えでしたが、K先生、そんなにがっかりしたような声出さなくても大丈夫、これ一発で決めなきゃいけないわけじゃないんですから……」

Co　もしもね、気持ちがね、少しでも楽になるとしたら、どんなことが起こればいいのでしょうね？

［はい。これは『②ゴールについての話し合い』の始まりの質問です。

質問自体はとても良い質問なんですが、ただ、うーん、タイミング的にどうでしょうか？ たった今、クライエントがカウンセラーの〝例外探し〟の質問に乗ってこなかったばかりのところですし、ここではまだ早いかなという気もします。

いま教習所で実際にどんなことが例外なく起こっているか、つまり〝問題〟について、もうちょっと具体的に聞いてみましょう。］

Co　今ね、教習所のことが楽になればということでしたが、教習所では実際にどんなことが起こっているんですか。

Cl　学科の時は、ただ授業を受けるだけなので緊張はないんですが、車に乗る時は緊張が激しくて……。乗る前からちょっとおかしくなっていて、復習しようとテキストを読んでも頭に入らない。胃が重いという感じです。そして、車に乗ると、身体が固まって動かなくなるんです。

もう六回乗ったんですが、どの先生にも「肩の力を抜きなさい」と言われ続けて、でもできないんです。「右にハンドルを切りなさい」と言われているのに、左に切っちゃう。帰ってきても、胃の調子がおかしいから食欲がない。最近、二回ほど夢にまで出てきたんです。周りの人に話しても「向いてないいんじゃない？」と言われるだけで……。免許は無理かなと思っているんです。でも、取らないと困ることになるので……

Co　取らないと困ることがあるんですね？　学科の時は、普通の状態なんですね？

Cl　そう、車に乗る時だけなんです。それと、待ってる時も緊張しちゃうんです。

Co　待ってる時も？

Cl　ええ、乗る前ですね。乗ったあとは、胃の重さや疲れはありますが、緊張はなくなっています。

Co　車から降りると、緊張はなくなる。学科の時とか、もう車に乗らなくてもいいとかいう状態になると、緊張はなくなるということですね。

Cl　そうなんです。

[はい、いいですよ。さりげなく問題が起こっていない時のことをK先生は返されています。もっともっと具体的に突っ込んで聞いていくと、さらに良くなりますよ。ちょっとやってみますね。]

森　いま第何課程なんですか？

Cl　まだ第一課程。

森　第一課程で、何回乗りました？

Cl　六回。

森　六回乗ったんですね。第一課程って、規定は何時間でしたっけ。

Cl　七時間です。基本の教程は十二なんですが、まだ八しか終わっていなくて……

森　十二のうち八まで終わった。

Cl　と言っても、一から三までは、ただドアを開けて乗るだけですから……

森　で、第一課程を終わらせるのに、どのくらい時間がかかると思いますか？

Cl　十四時間くらい……

森　十四時間かかったとして、そのうち何時間分が緊張のせいだと思いますか？

Cl　……（考え込んで）……五時間くらい……

森　五時間くらい。それじゃあ、緊張がなければ九時間くらいで修了できるということですね？　このあと第二段階、第三段階とありますが、だいたい倍くらいはかかっちゃう？　緊張があるために……

Co　いつまででもいいというわけじゃなくて、私は三月までに免許を取り終わってなければいけないいんですよ。それも緊張の原因のひとつなんですが……


［たとえばこんな感じです。

私は予備校生のカウンセリングをやっていて（注：当時）、『勉強が手につかない』という相談をよく受けます。だから『だいたい勉強時間は一日何時間くらいなの？』と聞くわけですが、すると中には平気で『五時間くらい』と答える生徒がいて、『コラッ、どこが手についとらんねん！』と思わずツッコミ入れたくなるときもあります。

『手につかない』のだから、全然勉強できてないんだろうと、勝手に理解してしまってはいけないということです。問題や状態は、具体的に聞かなきゃわかりません。

また、ここでは『十四時間かかったとして、そのうち何時間分が緊張のせいだと思いますか？』と聞いています。

これも一種のスケーリング・クエスチョンですが、私はこの種の質問を好んで使います。

たとえば『集中力がない』と訴える予備校生に対して、実際机に向かっている時間を聞いた上で、『四時間机に向かっていて、それが実質何時間分の勉強になってる感じ？』とか、『試験であがっちゃう』という生徒に対し、『たとえば、この前のテストで、あがっちゃったために何点損した感じ？』とか聞くわけです。

つまり、『その症状や問題が、自分の生活にどの程度の影響を及ぼしているか？』をスケーリングしてもらうのです。

こういうことも、クライエントに聞いてみなくちゃ分からないことですが、ただこれはクライエントにとって難しい質問です。ここでも、クライエントは尋ねられて考え込んでいるでしょう？そして考えて、しばしばクライエントはここで、自分が〝問題〟の影響を過大視していたことに気づきます。

たとえば、先ほどの試験あがりの例だと、『あ、別に緊張のために点は損してません。実力の問題ですね』などと言う生徒もいます。

さて、ここでは緊張によるオーバー分は五時間、緊張がなかった場合、第一課程は九時間で通過するだろうということですが、それが決して七時間(つまり規定時間内)ではないという点は重要です。

これはゴールに関連することですが、こういうふうに聞いておかないと、カウンセラーの方が勝手に(暗黙裡に)ゴールを設定してしまう(たとえば「規定時間内に通過する」とか)という現象が起こってしまいます。

何度も申し上げているように、ゴールは決してこちらが与えるものではなく、クライエントから引き出すものなのです。カウンセラーは、しばしば、自分で勝手に大きなゴールを作って、私はそれに見合う仕事をしなくてはいけない、などと思い込みがちですが、そんな自分で自分の首を絞め

るような行動はやめましょうね。

さて、もうしばらく問題について具体的に聞いてみましょう。」

森　緊張は、どの時点から始まってるんですか？

Cl　教習所に向かう、と思った瞬間から。

森　勤め先を出た瞬間から？

Cl　いえ、出る前から。準備をし始める時から。

森　準備をし始めた時。その時、どんな様子で出てくるんですか？

Cl　ちょっと胃の具合が重いような気がしてくる。

森　胃の具合が重くなる。

Cl　それから、気分が暗くなる。

森　気分が暗くなる。

Cl　周りの人からも、暗い感じと言われたり……

森　最高に悪いのを10点としたら、それは何点ぐらい？

Cl　……3点ぐらいかな？

森　3点くらい……それから？

Cl　気を落ち着かせるため、三十分ぐらい早く教習所に行くようにしてるんですが、待っている間にリラックスするようにイメージしたり、その時が５ぐらいでしょうか。

森　イメージ・トレーニングしても、なかなか下がらない？

Cl　逆に上がっちゃう。

森　逆に上がる。

Cl　それで、車に乗って動き出す頃が７ぐらいでしょうか。そして、教官になにか言われたら10。

森　それで、終わったらどうなりますか？

Cl　終わって教習所にいる時は５ぐらい。そして、帰路では０。

[これは典型的なスケーリング・クエスチョンです。こんなふうに聞いていきますと、具体的な情報がどんどん出てきて〝問題〟の様相がイメージしやすくなります。

これぐらいやっておけば、もうそろそろ『②ゴールについての話し合い』へと進んでもいいでしょう。ではやってみてください。]

Co　なるほど。リラックスするためにいろいろと工夫されているんですね。

Cl　いや、自律訓練など自分なりに考えてやっているだけだから、本当にできているかどうか分かりませんけど……

Co　ところで、どういう状態になれば、よしとされるんでしょうか？　今は……

Cl　車に乗っていても、「落ち着いているね」と言われたい。

Co　みんなにそう言われたいと思われるんですね？　そうなんですか……

車に乗り終わった時の気持ちになればいいんですよね。そのためには、どういうことができるでしょうか？

Cl　車に乗るということ自体が恐くなくなって、全然できない自分を許していられて、人からなにか言われても動揺しなくなればいいと思うんですけど……

Co　ああ、今、恐くなくなったり動揺しなくなったりすればいいとおっしゃいましたが……

Cl　時間がかかったりしても、それはそれでいいかなと思っているんですけど、言われたり、やったりすると、パニック状態になることが不愉快なんです。

Co　時間がかかっても、いろいろ言われてもパニック状態にならなければいいなと思われるんですね？

Cl　はい。

Co　人から言われても平気でいられるためには、どういうことをやっていけばいいんでしょうか？　人から言われても動揺しなくなって、平気でいられること、これが今、望んでいることですよね？

Cl　うーん……人から言われても動揺しなくなる……完全にはなくならないでしょうね。

しかし、今よりもすこし少なくなればいいと……

[(参加者に向かって)はい皆さん、どなたか、ゴール設定のために、私だったらここでこんな質問をしてみる、というものを思いつかれた方はいらっしゃいませんか?]

参加者A　たとえば、「それが6になったら、なにが変わっていますか」というのはどうですか?

[なるほど。いま乗って動き出す時は7なんですよね。その7が6になったら、どこが変わっているか?　この1の差を尋ねてみる。いいですね!　せっかくスケーリング・クエスチョンをしたわけですから、それを使おうということです。その時に「1の差について尋ねる」というのは、大変素晴らしいスケーリング・クエスチョンの使い方です。

他にはどうですか?]

参加者B　一回目、二回目、三回目と、車に乗る時に違いはありましたか?

[これもいいですね!　今まで六回乗られたわけですから、その一回一回を思い出してみる。そこから、もしかしたら〝例外〟が見つかるかもしれない。

さて、一つ目の質問に対して、どうですか?]

Cl　6になったら、ハンカチを用意しなくても乗れる。

森　手の汗の量が変わるということですね?　他には?

Cl　……身体が柔らかくなっている。ガチガチではなくなっている……

森　身体の緊張の度合が少し変わってきた……他には？

Cl　……気が楽になっている……

森　ん？　気が楽になっているって、どういうことですか？

［「気が楽になる」というのは抽象的な表現です。］

Cl　嫌だなあ、嫌だなあと思いながら向かうんじゃなくて、やろうかなと思って行く。

森　行く時に、ちょっとは頑張ってみようという感じ……あとは？

Cl　……（間）……教官の顔が見られるかもしれない……

森　ああ！　教官の顔が見られる！……他には？

Cl　（間）……少し会話ができるかもしれないですね。「はい！」「すいません！」以外の言葉が出る。

森　（笑って）「はい！」「すいません！」以外の言葉が出る！……他には？

［このように、Solution-Focused Approachでは、「他には？」とか「それから？」という言葉が頻繁に使われます。極端に言うと、「他には？」「それから？」の二語だけで面接ができると言ってもいいくらいです。

こんなふうに「他には？」と聞いていくと、今ご覧いただいたように、「他にはなんだろう？」

って、クライエントはじっと考えますよね。

この考えてる時間が、ものすごく大事なんです。この時間の中で、クライエントは〝解決イメージ〟をどんどん膨らませていきます。そして、この膨らんでいく〝解決イメージ〟それ自体が、とても〝治療的〟な効果を我々にもたらしてくれるのです。

このように、ブリーフセラピーでいう〝ゴール設定〟は、いわゆる達成目標を定めること以上の意味を持っている！　ということに注目してほしいと思います(詳しくは、私の書いた「未来の想起」『現代思想』一九九七年十一月号、pp96-101、青土社、をご覧ください)。

さて、もうひとつの方の質問をしてみていただけますか？」

Co　六回乗ったうちで、違いはありましたか？

Cl　六回乗ったうち、最初の三回は、なにか言われると緊張するという感じだったんですが、四回目と六回目は、なにも言わない教官だったんです。
だから、7と8の間で終わっていました。

[こういうふうに聞くと、〝例外〟って出やすいでしょ？　四回目と六回目には10にはいかなかった。これが〝例外〟です。ただこれは「偶然による例外」というやつです。

〝例外〟には二種類あって、今のように自分とは無関係に起こる（教官は自分では選べない）ものと、自分のかかわりによって起こる「意図的例外」があります。「意図的例外」を発見できたら、より望ましいでしょう。」

『①クライエントの話を聞く』のステージから、『②ゴールについての話し合い』および『③解決に向けての話し合い』に入ったところまでご紹介しました。それではまとめです。

(1)　〝問題〟は具体的に聞いていくこと。
(2)　〝問題〟を具体的に聞くとき、同時に〝例外〟についても聞いておくこと。
(3)　〝問題〟を具体的に聞く方法の一つとして、スケーリング・クエスチョンがある。
(4)　〝問題〟が具体的になったら、ゴールについての話し合いへと進む（もうそれ以上、〝問題〟をほじくりまわさない）。
(5)　ゴールについての話し合いは、それ自体が治療的である。

解決に向けての話し合い

Co　なにも言わない教官だったから緊張が少なく、10までいかなかったんですね？

Cl　そのときも、「緊張している」とか「固い」とか「手を放しなさい」とか言われたんですけど、動作一つひとつについてまでは言われなかったので、緊張感があるところで止まったんです。

Co　そうすると、その教官に会えたらいいなと思われるでしょうね？

Cl　そうなんです！　指名できればすごくいいなと思ってるんです。でも無理だから……

Co　今日は会えたらいいなと予想して行かれるんですか？

Cl　別の教官に二回当たって、その人に会うともう15から20に上がっちゃうんです。その人に会っただけで、「ああ、もう今日は駄目だ」と半分あきらめちゃいます。もうやめようかと思うぐらい……

森　本当に、今までやってきたものの中で役に立つことは、ひとつもなかったんですか？

【森　それが『偶然による例外』であったにせよ、とにかくひとつ〝例外〟が発見されたのですから、ここはちょっとプッシュしてみたいところです。

プッシュする方法の一つとして、「本当に～なんですか？」という質問のしかたが時に有効です。相手の中に？マークを投げ込んであげるのです。

そのようにしながら、「意図的例外」を見つけましょう。】

Cl　そういえば、六回目のときに、あまりに緊張するのでハンドルから少し手を放したら、「今ちょっと力が抜けた」と言われて、ほっとしました。

森　なるほど！　ハンドルから少し手を放す感じにする……他にはどうですか？　乗って

いるときだけじゃなく、他のときのことでもいいですよ。

Cl　同じ日に二回乗ったときは、二時間目の方が緊張が少ないですね。

森　自分がやってみたことで、少しは違ったことはなにかありますか？

Cl　乗る手順をイメージトレーニングでやっておけば、動かない部分では失敗しなくなります。

森　はい。乗る手順をイメージトレーニングしておく。他には？

Cl　……うーん……言われたことをメモしておいて、失敗を繰り返さないようにしようとするんですけど、今度はそれにとらわれちゃって……

森　……今まで、この手の話をどなたかに相談されたと思いますが、役に立ったアドバイスと、役に立たなかったアドバイスはなにかありましたか？

［ちょっと、質問の方向を変えてみました。

今まで受けたアドバイスの中で、役に立ったものと役に立たなかったものの両方を聞いておくことは、とても重要です。もし役に立ったものがあるのであれば、こちらはそれを繰り返していればいいわけですから、話は簡単です。

すなわち、**ルール1「もしうまくいっているのであれば、それを変えるな」**、あるいは、**ルール2「もし一度うまくいったのなら、またそれをせよ」**を適用するわけです。

もし役に立たなかった、あるいは逆効果のアドバイスがあったら、たとえそれがどんなに筋の通ったものであろうと、繰り返してはいけません。こちらは、なにかそれとは違うことを言うことになります。すなわち、**ルール3「もしうまくいかないのであれば、なにか違うことをせよ」**の適用です。

これは一見当たり前のことのように思われますが、現実には、様々な人に、同じ役に立たないアドバイスをされて、しょげ返っているクライエントのなんと多いことか！

そうしたことを避けるためにも、この質問はしておいた方がよいのです。」

Cl　学校の同僚に話しましたが、みんな毎日喜んで経過がどうなっているか聞いてくるんです。笑えるからいいか、ということで気が楽になってますけど、緊張が少なくなるということはありません。あとは、家族に話すと慰めてくれます。少しは気が楽になりますが、やはりそれが緊張を解くということにはなりません。

森　逆に、緊張をあげるアドバイスは？

Cl　経験談で「教習所の中で急ブレーキを踏まれる人はいない」とか、「第一段階は、普通の人なら七時間でいく」とか言われると……

森　こういうふうになってしまうのは、ご自分ではなにがいけないと思われますか？

Cl　「自分はうまくやらなければいけない」と思っていることや、失敗する自分を認められないことかなと思っています。

森　他には？

Cl　自分に自信がないということもあると思います。「免許は一生取れない」とか「取るつもりなんかなかったのに」とか……

森　自信がないのは、車の運転のこと？

Cl　運動は苦手だから……

森　全部だめ？

Cl　全部じゃないですけど、テニスとかだめだったので。

森　ああ、テニスとかね……他にはどうですか？

Cl　……怖さにまだ慣れてないんだと思います。

森　「怖さ」というのは？

Cl　「事故を起こしたらどうしよう」とか、「車をぶつけたり人をひいたらどうしよう」とか……

[この一連のやり取りは〝原因〟にまつわるものであり、普段私が「〝原因〟なんかどうでもいい」と言っているのと矛盾するじゃないか、と思われる向きもあるでしょう。

確かにそう言われればそうなんですが、ただ私は、ここで、別に因果関係を探っているわけでは

ないのです。クライエントはその因果関係をどうとらえているのか、を聞いているだけなのです。私が関心を持っているのは、本当の因果関係ではなく、クライエントのとらえ方なのです。だから、「ご自分では、どう思われますか？」と聞いているわけです。

介入の際には、そのクライエントのとらえ方をそのまま使う場合もありますし、そのとらえ方を少し変えておいた方がよい場合もあります。その辺りを査定するために、この種の質問をしているわけです。

それをそのまま使うのか、クライエントのとらえ方を変えるのか、どちらにするのかは、どちらにしたほうが変化がより「簡単」に起こりそうかで決めます。決して、クライエントのとらえ方が「正しい」か「間違っている」かで決めるのではない、という点に注意しておきましょう。たとえば、もしクライエントが「それは霊のせいだ」と言って、そうしておいた方が変化が容易に起こりそうなら、それを使うわけです。」

森　「失敗してはいけない」という考えから解放されたら、緊張は減ると思いますか？

Cl　うーん、どうでしょう……減るかもしれない……分からないですね。

森　自信をもっている状態とは、どういう状態のことですか？

Cl　……「やればできる」と思うとき……

森　他の分野では、自信をもっている状態の時、どんな言葉が頭の中を回っていますか？

Cl　自分を疑わない。うまくいくと思い込んでいます。そういう時は見通しを持っています。

森　では、ちょっと質問の種類を変えますね。良い状態になるために、自分には何が必要だと思っていらっしゃいますか？　それは技術？　性格が変わること？　考え方が変わること？

Cl　一番手っ取り早いのは、技術だと思っています。

森　それは具体的にどんなものを考えていらっしゃいますか？

Cl　自律訓練とか、そういうものを知りたいですね。それから催眠もいいかな……

森　そういうのがあれば、なんとかなる感じ？

Cl　じゃないかなあと。あったらいいなって思ってます。そういうのを知りたいですね。

［クライエントがなにを手に入れたがっているのかについても、このように直接聞いていけばよいでしょう。

さて、このくらい話が進めば、もうＯＫです。それでは、Ｋ先生。そろそろミラクル・クエスチョンをやってみてください。］

Co　たとえばこういうことを想像してください。明日の朝、目が覚めると奇跡が起こっています。神様の手によって、今まで話されていた悩みがすべて解決されて新しい朝が始まっているとすると、どんな一日になるのでしょう。

Cl　まず、朝食がおいしく食べられ、軽快な感じで動けて、足取りも軽く、にこやかに挨拶して家を出られるかなと思います。

Co　家を出て、そして学校に着きますね。

Cl　その日は普通に仕事をして、帰る時間になっても焦って出かけることもなく、ぎりぎりまで仕事をして普通に出かけると思います。

そして、教習所の門を自然にくぐれて、ちゃんと待っていられて、本なども読めて、時間になると自然に車に向かい、教官ににこやかに挨拶します。

今までは、一つずつ動作を確認して動いていたのが、それを反復しないでも動ける。スムーズに動けて、身体が柔らかくなっている。話し掛けられても話せるようになり、周りの景色も見え、教官の顔も見えるようになる。教官の言っていることも正しく判断できるようになり、ハンカチを持たないで車に乗っている……

Co　それから？

Cl　苦手な人にも普通の態度で接することができる。そして、明日やることが楽しみになっている。もっとやりたいなと思っている。

Co　それから、家に帰りますね？
Cl　はい。食事もおいしく食べる。帰るときにケーキや雑誌を買うとか、自分にご褒美をあげる。
Co　帰ると、家族の方は？
Cl　話すと喜んでくれるんじゃないでしょうか。そして、教習所のことも考えず、夢も見ないで寝る。
Co　こういう奇跡が起こったわけですが、その中ですでに起こっている部分というのはありますか？
Cl　今のところはまだ……。この先ならあるかなと思いますが……。今起こっていることの反対を、こうなったらいいなと思うことを、全部話したんです。

［はい。**大変結構**です。ミラクル・クエスチョンをしたあとの**展開**も、こんな**感じ**でいいですね。つまり、「その**中**で、すでに**起**こっていることはなにかありますか？」と、〝**例外**〟についての**質問**をしていくわけです。そこから、**良**いゴールを**形成**していくのです。

Solution-Focused Approachでは、〝**例外**〟を、「**問題**が**起**こっていないとき」というよりも「すでに**起**こっている**解決**の**状態**」と**定義**しています。したがって、ミラクル・クエスチョンのあとにも〝**例外探**し〟の**質問**を差しはさむわけです（ただ、ここではその**種**の〝**例外**〟は**発見**されませんでしたが……）。

ここで、クライエント役の先生は、かなりスラスラとミラクル・クエスチョンに答えられておられます。それはもちろん、先生がミラクル・クエスチョンのことをすでによくご存知で、この質問に対する心の準備ができていたからです。普通は、こんなふうにはいきません。

たいていのクライエントは、ミラクル・クエスチョンをされると、一瞬ポカーンとしてしまいます。唐突な質問ですし、いったいなにを尋ねられているんだか、クライエントにはよく分からないからです。

でも大丈夫。クライエントに一瞬ポカーンとしてもらうことも、ミラクル・クエスチョンの意図のひとつなんですから……。つまり、そういう一瞬の「間」を作りたいときに、ミラクル・クエスチョンは使われるのです（逆に言えば、変な「間」を作りたくないときには、この質問は使わない）。

これは答えにくい質問ですから、最初は、手を換え品を換え、かみ砕いて説明してあげる必要があるでしょうが、そのうちクライエントも質問の意図を了解し、答えを考え始めてくれます。いったん答えが出始めてくれれば、「それから？」とか「たとえば？」とか言って誘導するだけで、結構楽しげに次々と語ってくれるものです。最初だけ、ちょっと辛抱していてください。つまり、回答が即座に行われることを期待しないでください。

先ほども申し上げたように、クライエントが考えている、イメージを広げている時間こそがとても大切なのであって、ここでのように、あまりスラスラと答えが出てくるときの方が、要注意なのです。スラスラ出てくる場合は、往々にして、その内容が「こうあるべきである」とか「こうなりたい」けれども「できない」という種類のものになっているものです（ここでもそうですが……）。しかし、われわれがほしいものはそういうものではなく、もし奇跡が起こったとしたら「こうなっているだろう」というものなのです。つまり「予想」です（「予知」と言っていいかもしれない）。「べき」とか「希望」ではないのです。この違いはきわめて微妙なものですが、しかしこれはかなり決定的な差なんです。

話がややこしくなってきましたが、要するに、この質問は難しい質問だから、そんなにすんなりとは答えは出てこないはずだ、ということです。

さて、ここから「良いゴールの形成」に入るわけですが、ここではクライエントにとって難しそうなゴールがたくさん述べられていますので、ちょっと絞っていく必要があるでしょう。

そこで、「今のお話の中で、現実的に考えて、この部分だったらできるかもしれないと思われることはなんでしょう？」と聞いてみるのも、ひとつの手です。

Co　どうでしょうか？

Cl　そうですね。教官ににこやかに挨拶をする、でしょうか……

Co　はい。他には？　現実的で、比較的できそうなことは？

Cl　四時半まで仕事をして、そして出てみる。
Co　他には？
Cl　……待ってるとき、違う本を読む。
Co　それから？
Cl　……朝、親ににこやかに挨拶をして出る。
Co　他は？
Cl　……手順を口で反復しないようにする。
Co　はい。うまくできるといいですね。
Cl　うまくできるかどうか分かりませんが、やってみようと思います。

[森　ミラクル・クエスチョンに対する答えの中に、この場合、かなり実現の難しそうなものが多く含まれていました。そこで、「中でも比較的できそうなものは？」と聞いてみたわけです。すると、五つのことがクライエントによって語られました。

①　朝、家を出るときに、親ににこやかに挨拶する。
②　ぎりぎりまで仕事をしてから、教習所に向かう。
③　待っているときに、（教習書ではない）他の本を読む。
④　教官に、にこやかに挨拶する。

⑤　乗る前に、手順を口で反復しない。

この五つは、時間順に並べるとこうなります。たとえばこういうものが「ゴール」なのです。そして、この多くは「良いゴール」の条件をも満たしています。

(1)　大きなことではなく、小さなことであること。

(2)　抽象的なものではなく、具体的に（できれば行動の形で）語られていること。

(3)　否定形（〜しない）ではなく、肯定形（〜する）で語られていること。

ただ一つだけ、⑤のゴールは(3)の条件を満たしていません。したがって、クライエントが「手順を口で反復しないようにする」と語ったあとに、「手順を口で反復しないで、どうするんですか？」と質問してあげれば、もっと良かったでしょう。

ミラクル・クエスチョンをしておくと、このような「良いゴール」が引き出しやすくなるのです。これがミラクル・クエスチョンの効果です。

いかがでしょうか？　ブリーフセラピーで言う「ゴール」が、どういうものであるのか、具体的にイメージされましたでしょうか？　そして「ゴール」はクライエントから「引き出す」ものであって、こちらが「与える」ものではないということを、具体的に理解していただけたでしょうか？

このようにしてクライエントの語ったゴールの内容を、メモしておかれるといいと思いますし、それをクライエントとともに眺めてみるのも、とてもいいと思います。」

『④介入——アドバイス・指示・課題などを与える』の一歩手前のところまで紹介しました。

その時に大事なことは、以下の点です。

(1) できれば、「意図的例外」を引き出しておくこと。

(2) 今まで受けたアドバイスの中で、役に立ったものと役に立たなかったものについて聞いておくこと。

(3) 〝問題〟の原因については、クライエントがそれをどうとらえているか、ということだけ押さえておく。

(4) 解決に向かってなにが有効だとクライエントは考えているか、を聞いておくこと。

(5) ミラクル・クエスチョンなどを使って、良いゴールの形成に努めておくこと。

介入——アドバイス・指示・課題などを与える

［**さて、ではK先生、介入の段階に進んでください。**］

Co　今日はいろいろ話していただきまして、ありがとうございました。今お話をうかがいましたら、できそうなこととして五項目あげられました。やっていけそうですか？

Cl　ええ、やってみたいと思います。

Co　やってみたいと思われる。そうですか。ぜひやってみてください。それから、やってみられてどうだったかということを、私も知りたいんです。教えていただけますか？

来週のこの時間にお待ちしていますので来てください。それでは……

［あらあら、終わっちゃいましたね。はい、結構でしょう。さて、参加者の先生方の中で、自分ならこんな**介入**をしてみたいというアイデアを**お持ちの方**はいらっしゃいますか？　**K先生**は、ゴールとして**出てきた五**つのことを**全部**やってみてくださいという**介入**をされたわけですが……］**

参加者A　この五項目の中で、最もできそうなものをあげるとしたら、どれですか？

Cl　待っているときの本ですね。

A　それができたとしたら、どのように変わっているか、そのイメージを話してもらえませんか？

Cl　……本を読むと、考えないですむ……

A　そうすると……

Cl　……少しは乗る前のドキドキが抑えられる……
A　そうすると……
Cl　乗っても最初の緊張が少なくなっているかもしれない……
A　……こんな感じで進めていくのはどうでしょう？

［いやあ、お上手ですね。大変素晴らしいです。

ゴールが五つ出ましたから、そこからさらに絞り込んで一つにするというのは、ゴールをさらに分かりやすいものにしますし、最も簡単なものを選んでもらっているわけですから、その実現もより可能性の高いものになってきます。

そして、ゴールを達成したあとの状態をもう一度イメージしてもらうのも、非常に有効な介入のしかたです。］

参加者B　どの課題にするかは、コイン・トスで選んでもらうという方法は、どうですか？

［はい、コインを放り投げて、表裏どちらが出るかで決めるという方法ですね。この場合、その方法は大変有効です。

まず、明日課題をやるかどうかについて、コイン・トスで決める。表が出たらやる、裏が出たらやらない。三回とか五回とか奇数回投げて、多く出た方の面に従う。

そこでもしやるとなったら、今度はサイコロを振って、出た目の番号の課題をやる。そんな方法

がいいでしょう。」

Cl　実は私、そのコイン・トスの課題を出してほしかったんです。それだったら、すごく気楽に課題に取り組めると思うんです。

絶対やらなきゃいけないと思うと自信がなくて……

「そうなんですね。クライエントというのは、カウンセラーにすごく気を使うもので、一所懸命カウンセラーに合わせようとするんです。本当は、逆のはずなんですけど……。

だから、「分かりました。はいやります。あれもやります。これもやります」なんて簡単に約束しちゃう。でも、実際は無理な約束をしているわけで、だからできない。できないと「先生にあわせる顔がない」などと感じて、次の面接に来なかったりする。こんなことはざらにあります。

課題を出すというのは、だから難しいことなんです。少なくともクライエントに失敗体験を与えてしまうような課題は、出すべきではないでしょう。課題は、成功体験を得てもらうために出すのです。

だから、クライエントが「あれもやります。これもやります」と言ってきた時、こちらは絶対喜んじゃいけないのです。逆に注意しなきゃいけない。

「そう言ってくれるのは嬉しいんだけど、でも、そんなに一度にいろいろなことをしようとしちゃ、絶対駄目だよ。どうしてもなにかやりたいと思うのなら、せいぜいこれ一つくらいにしておきなさい。それも気分が乗ったときでいいから。分かったね」

と、クライエントを抑えるくらいで、ちょうどいいのです。

それに、今回の場合、関係性のタイプがどれなのか微妙ですので、余計に課題の出し方を慎重にしなければなりません。つまり、ビジターなのか、コンプレイナントなのか、カスタマーなのか、この場合その鑑別がちょっと難しいんですね。

クライエント役の先生には、今日ここで私が突然、その役をお願いしたわけですから、面接状況としては、ビジターでしょう。ビジターだったら、課題を出してはいけません。

しかし、かなり先生はその問題についてなんとかしたいと思っておられて、しかもそれは環境や状況に依存する形で起こると感じていらっしゃる部分がありますので、その意味ではコンプレイナントかもしれません。だったら観察課題です。

もちろん、先生はそれを自分の問題としてもとらえておられて、自分が変わらなくちゃいけないとも感じていらっしゃいますから、カスタマーでもあります。ならば、具体的な行動課題になります。

K先生が出された課題は、カスタマー用の課題でした。しかし、ここで「クライエント・タイプを査定するときの使用上の注意③」を思い出してください。

「もしタイプ分けに迷ったら、とりあえず番号の小さい方に合わせてください」

だから課題を出すなら、せいぜいコンプレイナント用の観察課題「どうなるか観察していてください。そしてもし〝例外〟が見つかったら報告してください」くらいが無難でしょうし、あるいはA先生がやられたように、この場での作業を中心にして、課題は出さないという対応の方がいいかもしれません。

だいたい、介入に関してはこんなところでしょうか……。

そうですね、あと可能性のある介入法としては、この場合、「プリテンド・ミラクル・ハプンド」という方法も使えるかもしれませんね。これは「一日か二日、好きな日を選んで、その日は一日、あたかも奇跡が起こったかのように振る舞ってみてください。そして周りの反応を観察していてください」という課題を出す方法です。

カスタマー・タイプであり、ミラクル・クエスチョンに対してかなり詳細な答えが返ってきている（〝例外〟は見つかっていても、いなくてもよい）場合に用いられる課題で、時にこれは劇的な改善を引き起こします。とりわけ、「演技」の好きなクライエントにはぴったりの方法ですので、皆様もどうぞお試しください。

それでは、K先生、そしてクライエント役の先生、本当にご苦労様でした。とても良かったですよ。皆様もどうぞお二人の先生に拍手を！

（パチパチパチパチパチパチ……）」

後日、クライエント役の先生からこんな報告を受けました。

「ある日、もう教官のことはまったく無視して、なにを言われても返事もしないで前だけ見て運転してみたら、とってもリラックスできたんです。そして、この前の模擬面接以来、一時間も落とさずに教習が進んでいます！」

そんな方法は、模擬面接の中でも、そのあとの私との個人的なやり取りの中でも、話し合われてはおりません。だから、先生がご自分で発見された方法なのです。

これでいいんです。そして、これがいいんです。

クライエントはすべて、自分なりの解決の方法を知っています。

カウンセラーはそれについてはなにも知らないのです。

カウンセラーの仕事は、ただ、クライエントが自分の中にもっているはずなのに、それに気づいていない技術を引き出して使えるように援助するだけのことなのです。

〈2〉
〝問題行動〟生徒との対応

〝問題行動〟と一口に言っても、いろいろなレベルがあります。ちょっとしたサボりや髪の長さ・色、服装の乱れなどから、身体や生命の危険を伴うものまで、それらを一括して論じ、対応策を示すことはできません。それぞれの問題の程度をしっかりと把握し、そのレベルに合わせた対応が必要となるでしょう。

もしそれが比較的軽微・あるいは中等度の問題行動ならば（少なくとも身体や生命に対し、差し迫った危険がないのなら）、ここでお話ししております解決志向ブリーフセラピーで十分対応できます。

その一例をお示ししましょう。

今回は黒沢ネタです（ごめんなさいねぇ〜。なんせ私、学校現場で働いてないもんで、先生方にご紹介するのに適切なネタがあまりおまへんのですよ。そうなると、黒沢さんに頼るしかないこのつらさ。どうぞご勘弁ください。そしてヨロシク！　黒沢さん。ちなみに黒沢さんとは、黒沢幸子先生のことで、日本のスクールカウンセリングの草分け的存在の臨床心理士です。現在は、目白大学心理カウンセリング学科の助教授で、東京・吉祥寺のＫＩＤＳカウンセリング・システムという相談室にもかかわっておられます）。

異装異髪、校則違反常習の高一女子

彼女は、中二まで真面目な、どちらかというと物静かなお嬢さんだったのですが、中三の三学期、高校進学が決まったころから、なんだか急に遊び始めました。いわゆるコギャル（中三だからマゴギャル？）になっていったのです。

髪の毛は脱色してほとんど金髪、眉毛は細〜くして、日焼けサロンで鍛えた褐色の肌をさらに強調するファンデーション、瞼はお決まりのブルーのシャドウにブラウンのアイ・ライナー。ピンク系口紅。耳には、もちピアス。それに超ミニスカート。もちろん靴下はルーズ、それもスーパールーズ！　鞄の中は、コロンと化粧品、ヘアメイク用品、それとピッチ。

夜遊び頻繁、渋谷が根城。男友達たくさん。酒・タバコはどうかな、たぶん（いや絶対かな？）してる。学業成績は、どんどん降下（ほとんどキリモミ落下状態）。授業中は、夜がお盛んだから、しょっちゅう寝てる。より寝やすいベッドを求めて、保健室にやって来る（でもね、根は上品な子なのよ）。

高一の六月下旬に、校内での喫煙が疑われ、生活指導の先生と担任の先生から呼び出され、何度目かの指導が入る。校内のとあるトイレ・ボックスから煙がモクモク立ち上っているのを、下級生が発見。先生に報告したとのこと。で、そのときボックスから出てきたのが彼女だったというわけらしい。

お二人の先生の前で、彼女はそれを事実だとは決して認めない（まあ確かに、状況証拠しかないわけですから、これじゃあ普通、検察は裁判に勝てません）どころか、逆に憤慨、というよりもシラけている始末です。

「なにを証拠にそんなこと言うの。あたしはそんなことしてないって言ってるでしょ」って感じ。とりつく島なし、打つ手なし、っちゅうことで、先生方はカウンセラー室にリファーしてきたという経緯です。

あ、そうそう、彼女、いろいろ家族の問題を抱えている子なんです。

彼女は一人っ娘で、母親は難病を抱えていました。そして、中三から彼女が遊び始めたことを気に病み、その持病はより悪化していました。

お母さんは、「あなたは私のストレス源だ。私はいつも医者から、『この病気はストレスをためないようにしなければならない』って言われているのに、あなたのために私はどんどん悪くなっていく。すべてあなたのせいだ」と彼女を罵り、そして酒をあおるのでした。お母さんは、難病を持っているだけではなく、キッチン・ドリンカーでもありました。

愚痴っぽく、過干渉でもあります。彼女が学校に行っている時や夜遊びしている間に、彼女の部屋に入り、彼女の日記や手紙を読んだり、持ち物をチェックしたりしていました。

お父さんは留守がちで多忙な実業家。お母さんとの仲はあまりよくありません。仕事から帰ってきても、妻は酔っ払って愚痴ばかりを言っているし、家事も滞ったままですから、お父さんとしては家に帰っても休まる気分になろうはずがありません。どうしても妻とぶつかってしまう。そして毎晩のように、かなり壮絶な夫婦喧嘩になってしまうのでした。

そんな彼女が、指導を受けた数日後、カウンセラー室にやってきました。それ以前にも一度カウンセラー室に来ていましたので、それほど抵抗なく部屋に入ってきましたが、さすがに今回は面倒くさそうにしています。

元々そんなにおしゃべりな方ではなく、わりとおっとり話す彼女に対して、だいたいの話を先生方から聞いていた私（黒沢：Co）は、まずこう切り出しました。

Co まあ、いろいろあったみたいねぇ。ここだって、今回来るの嫌だったでしょ？ でも、よく来てくれたね。ありがとね。

Cl いえ、別にそんなに嫌でもないです。

[まずは、来談してくれたことに対してコンプリメント(労をねぎらうこと、敬意を払い謝意を表すこと、誉めること)。これ、解決志向ブリーフセラピーの基本中の基本。これを初っ端に言うか言わないかで、全然違う。

呼び出しだと、こうした台詞はそぐわないと思われるかもしれませんが、実は呼び出しであればなおさら、この手の台詞を冒頭に入れておいた方がいい。そうしとかないと、その後の話し合いがこじれる。]

Co まあ、事実関係は証明しようもないし、もうさんざん指導を受けてきたんでしょ？ だから、ここでは吸った吸わない、やったやらないの話をするつもりはないよ。

Cl ……吸ってませんよ……

Co あなたにしてみればそうだよね。その事実に関しては、私には分からないことだから、押し問答してもしかたないし、そのことはもういいよ。

それより、さんざん指導を受けてきて、逆にあなたの方で言いたいこと、言い足りないことがあれば言ってごらん、今、言いたいことはどんなことかな？　まずは相手に言いたいことを言わせる。

［要するに「あなたはなにを問題と感じていますか？」という種類の質問です。

これも解決志向ブリーフセラピーの基本ですが、でもこんなことで「指導」ができるのか？　これはカウンセラーなんぞという無責任な立場だからできることで、生活指導の立場ではできん！と感じられる方もたくさんいらっしゃると思います。

もう、おっしゃるとおり!!　カウンセラーなんちゅうのは、本当に無責任なものですからね。それに、おいしい役回りばっかり取りますから。甘いことばっかり言ってて、「指導」ができるのか？と言われれば、そりゃあできません。こちらも、きちっと言うべきことは言わなくちゃいけない。ただ、「指導」を上手くやろうとするのなら、メリハリっちゅうもんが必要となってくるでしょう。押しだけで押し切れるのなら、それもよし。でも実際は皆さん、押したり引いたり、上げたり下げたりしてやってらっしゃるんでしょう？　だって、その方が上手くいきますものね。

刑事の取り調べでも、ちゃんと二役いますよね。「ほらほら、しらばっくれてんじゃねぇよ！」と机をドンと叩く役と、「まあまあ。どうだ、タバコ。カツ丼食うかい？」という役（つっても、私、本物の取り調べを受けたことありませんから、これドラマの中だけの話なのかもしれませんけど……）。

できるだけこの両方があるに越したことはない。もし一人だけで対応しなければならないのなら、「硬派」と「軟派」の両方の役を、取っ替え引っ替えやらなくちゃならない（だから、両方の「芸風」身につけなきゃいけないし、その切り替えも身につけなきゃいけない）っちゅうことになりますよね。「そんなん両方やれ言われても無理や」っちゅうことなら、刑事さんみたいにペア組んでやるんでしょうねぇ。

少なくとも、どっちが良いという話ではない。どっちも必要。ここでは、もう「硬派」の指導は入っておりますので、黒沢さんの役割は「軟派」です。その辺のところをこの学校の生活指導や担任の先生もよくお分かりだから、カウンセラー室にリファーされたわけです。でも、「軟派」役の人が「いい人」っちゅうイメージがありますから、みんなこっちをやりたがるんですが、「硬派」はやっぱり必要なんですよ。それに「ヒール役」（注：プロレス用語。悪役のこと）って、やり始めると結構快感ですよ！」

Cl　……この件で、学校が大騒ぎして、家に連絡なんか入れるものだから、また親同士の喧嘩がひどくなって……ママは弱い人だから、夜お酒飲んで……パパまで、「おまえのせいだ」って言うようになって……

Co　ところで、**ママは具体的にどのくらいの量のお酒を飲んでんの？（具体的質問）**

Cl　ママはお酒弱いのに、今は一升瓶を三日で空けるぐらいの感じで飲んでいる。タバコの本数も増えてるし……ママは「あなたを心配する量に比例して、お酒の量も増えるのよ」って言うんだ……

Co　**ママはいつ頃から、お酒やタバコの量が増えてるの？（具体的質問）**

Cl　半年ぐらい前からだけど、こんどの一件があってから、ますます増えてると思う。
　パパはママに対して「酒飲んで悪いことばっかり考えるんじゃなくて、良いことも考えたらどうだ」みたいなことも言うんだけど、パパが帰ってくる頃には、ママはもうかなり酔っ払ってるから、パパの言うことをまともには受け取れない。だから喧嘩にしかなんない。話にもなんにもなんないから、パパは「そんなんだったら、俺は出て行く！」って怒鳴っちゃうんだけど、そうするとママは「出て行くんなら、私が出ていきます。実家に帰ります！」って……家にあの一件の連絡があってから、毎晩こんな感じ……

Co　……そうかぁ……**で、そういうご両親に対して、あなたはどうしたいの？（ゴールに関する質問）**

Cl　……別に喧嘩を止めようとは思わない。あたしには関係ないことだから。それは親の問題でしょ。

Co　**そうね。親の問題だし、あなたには関係ないことだよね。（リフレーズ、マッチング）**
だから、あなたはあなたで楽しく遊べばいいってわけだよね。

Cl　別に楽しいわけじゃないよ。暇つぶし……

Co　あ、そう!?　楽しくやってんじゃないんだ!?　あらま、びっくり……そうかなぁ……

楽しいわけじゃないんだ……ふーん……

［彼女のように遊んでる子って、意外と遊んでることを楽しんでいないものです。なんだか寂しいですね。どうせ遊ぶんだったら、精いっぱい楽しめばいいのに……。

でもこちらとしては、彼女のこの言葉はとっかかりになるわけで、うれしい言葉なんです。そういう言葉がクライエントから出たとき、黒沢さんのような返し方がベストです。つまり「へぇ、そうなんだ。びっくり！」という返し方です。

ここで「我が意を得たり」みたいな感じで返すと、ブ・チ・コ・ワ・シ！　絶対、相手は反発してきます。この辺の感じ、分かっていただけるかなぁ？］

Co　**それじゃあ、家族がどうなってればいいの？　（ゴールに関する質問）**

［黒沢さん、食い下がる食い下がる。］

Cl　え？……うーん……家族がそれぞれ好きなことやってればいい。だって、家族がそれぞれ好きなことをやって遊んでれば、私のことをそんなに心配したり、負担に思ったりしなくてもすむから……

Co　「独り言のように」そうか、なるほどね。心配されたり負担に思われたりするのが、嫌なんだ……家族がそれぞれ好きなことをやってればいいわけだ……

Cl 今週の水曜日くらいまでは、昔に戻ったみたいに、ママともやっと素直に話ができるようになってきていたのに……私も少しは態度を改めていたのに……今度の一件でもう台無し……もう元の家族のようには戻れない……［と、悔しそうに涙ぐむ］

Co 楽しいだけじゃないいけど、もう元には戻れないわけだし、だから遊びはやめられないんだよね……**で、いつまで遊ぶ？**

［**ああぁ、黒沢さん、またクライエント泣かしちゃった。一度はクライエントのこと泣かさなきゃ、気がすまないんだから、もう！**］

Cl え？……

［はい、**見事に入りました！** この「え？」という感じが「入った」**証拠**です。**心理療法**というのは、クライエントの**中**にこの「え？」の**瞬間**を作ることなのです。この**瞬間**をうまく**作れる**ようになったら、一**人前**のセ・ラ・ピ・ス・ト……ウフフ♥］

Co たとえばさ、**二十歳になっても、今と同じように遊んでる？**

Cl ええーまさか！ 二十歳になってこんなことしてるわけないじゃん。

Co じゃあ、**二十歳になったとき、どうなってると思う？**

Cl うーん……

[この辺は、**黒沢流**ミラクル・クエスチョン。ミラクル・クエスチョンというのは、クライエントの**未来時間**イメージを**扱**うことです。それは、いろんな**聞**き**方**でできるんです。

　こういうふうに、「〜**歳**になった**時**、あなたはどうなってると**思**う?」という**聞**き**方**は、とりわけ**児童期・青年期**のクライエントに**対**して、きわめて**有効**です。]

Co　**「どうなってるべきか」とか「どうなっていたい」っていうんじゃなくてさ、たとえばタイムマシンに乗って二十歳の時まで飛んでって覗いてみたら、あなたなにしてると思う?**

[「**未来の解決像**」に**関**するものには**三種類**あります。

　一つは、「こうあるべきである」というもの。すなわち「**必要**」「**義務**」としての**解決像**です。「べき**論**」の**解決像**。

　二つ目は「こうなったらいいのに」というもの。すなわち「**希望**」「**夢**」としての**解決像**。

　三つ目は「**当然**こうなっているでしょう」というもの。「**必然的進行**」としての**解決像**です。

　われわれがほしいのは、三つ目の**解決像**なのです。一つ目が**一番**だめな**解決像**。二つ目の**方**がまだいいですが、それでも**充分**じゃない。

　なぜなら、一つ目と二つ目の**場合**だと、「こうあるべきなんだけど、そうしたくない」「こうあるべきだと**分**かっているけど、できない」とか、「こうなりたいんだけど、それは**無理**」などという

ように、「できない」という種類の言葉がケツについてしまうことが多いからです。「できない」じゃしょうがないですよね。解決は手に入らないわけですから……。

それが三つ目のやつだと、「当然こうなっているでしょう」っていうんですから、当然そうなるでしょう。これで、もう解決は手に入ったも同然！

クライエントは多く、解決像を尋ねられると、一つ目や二つ目の解決像について語るものです。だからセラピストは、三つ目の解決像が描き出せるように誘導していく。これがセラピストの仕事です。」

Co　たとえば、大学生やってんのかなぁ……それともバイト？……　横に彼氏いるのかな？……その頃、どんな格好してるのかな？

Cl　ああ……大学生はやってる……

Co　へぇ、大学生なんだ。

Cl　うん、たぶん。

Co　［独り言のように］そうか。どこの大学の学生なのかなぁ……

Cl　R大かなぁ……R大だといいなあ……

Co　そうか、R大ね。R大……で？　今と同じ髪型？　同じ男友達？

Cl　まさか！　今付き合ってる子たちは今だけだよ。大学では、大学の友達と付き合ってるでしょ。この格好だって、大学生でこんな格好してたら馬鹿じゃん。今よりずっとカジュアルな格好してるんじゃない？

【!】

Co　ふんふん、そうか……**で、いつまで遊ぶ？**

【もう一発。】

Cl　え？……うーん……高二の夏まで……かな？……

Co　え！　高二の夏？　そんなに早く遊ぶの止めちゃうの？

Cl　こんなことは高二の夏まででしょう。それからは、切り替えて大学受験のことしなくちゃ。

【!】

Co　なーるほど高二の夏までね。でも、ってことは、高二の夏まではこの高校にいるわけね？　他の学校で遊ぶっていう手もあるけど、そういう気はないわけね？

Cl　うん。コギャルにもブランドってものがあるから、この学校でコギャルやってることに意味があるわけでしょ。他の学校じゃあね……

Co　な～るほどね。この学校にいることが大事なのね。じゃあ、この学校に居続けられるようにしておかなきゃいけないね。あんまり下手にやってると、いられなくなっちゃう

　　よ。分かるでしょ。
　　考えて遊びなよ、高二の夏まで……
Cl　うん。
［キンコンカンコン、チャイムが鳴る。］
Co　あ、時間だね、じゃあ、またね。

　このあとまもなく期末試験が始まり、そして夏休みとなった。その夏休みの間に、彼女に劇的な変化が訪れた。

　二学期の初日、登校してきた彼女の髪は、きれいな黒髪に戻されていたのである。あまりの変わり様に、先生もお友達も唖然……それればかりでなく、彼女は夏休みの間に、交友関係の整理まで付けてきたらしい。母親からの報告によると、黒髪に戻したあと、彼女は三日三晩泣き続けたということである。

「それを見ていて、もうこちらの方がつらくなってしまって、それだったらまた栗色ぐらいに戻したら？　という台詞が何度も喉まで出掛かりました。でもそのたびに、ここで曲げてはいけないと必死でこらえたんです。

　その後、本人は、なにかときちんと訣別したようです。

カカトの高いサンダルも自分で捨てました。私に対しても『うるさいな』みたいな言葉はなくなって、きちんと応対するようになりました。嘘もつかなくなりました。外出するときも、外出先をきちんと言うようになりましたし、帰りが遅い日は、外出先から電話をかけてくるようになりました。

お父さんも、『娘はつっぱってるんだ。俺の悪いところばかり似てるよ』と理解を示して、娘と付き合ってくれています。私の身体も、なんだか調子がいいんです。

夏休みの家族旅行中に娘がこんなことを言ったんです。『それぞれが、大人になったのさ』って……本当に涙が出てしまいました……」

こういうケースを見るにつけ、本当にクライエントというのは、力を持っているなぁと思います。

もちろん、この劇的な変化はクライエントが起こしたものです。黒沢さんが起こしたのではありません。

だって黒沢さんは、この件で本人とこれ一回しかかかわっていないのですから（母親とはこの面接のあと二回、うち一回は二学期が始まったあとの報告で会っていますが……）。そして、本人との面接の内容は、ここで紹介したようなものなのですから。ここで、黒沢さんはなにか「すごい」ことなんかしてないでしょう？　お母さんも変わりました。そして、どうやらお父さんも変わったようです。でも黒沢さんは、お父さんには会ってもいないのです。

これがクライエントの力でなくて、なんなのでしょう？　セラピストがすることは、クライエントの中に眠っているそうした「力」を信じること以外のなにものでもありません。それさえあれば、その「力」は自然と発揮されるのです。

この反対のことが、「あなたは問題児だから」とすることです。そうした周りの言葉が、クライエントの中で眠っている「力」を永遠の眠りにつかせるのです。そして実際、これがどれほど頻繁に行われていることか……。

技術的にいえば、未来時間イメージを尋ねることが、この眠っている「力」をしばしば引き出すということです。まあ、黒沢さんがなにかをやったとすれば、このことくらいでしょう。

問題行動といっても、このレベルならば(でも、このケースはそれなりのレベルでしょ？)充分「解決志向」「未来志向」の対応でやれるということです。

〈3〉保護者との面接の進め方

保護者とかかわるのが難しいワケ

先生方の集まりの中で、「保護者との連携が難しい」との声をときどき耳にします。なぜ難しいと感じられるのか、私には正確には分からないんですが、たぶんこういうことなのかなぁ、と思うんです。

先生方は、**「家族になんらかの問題がある」と感じた時に、家族と接触しようとされている？**

あるいは、

家族の方と会っている時、「この家族は問題だなぁ」と感じられることが多い？

まあ、要するに〝問題モード〟ですよね。

子どもとはいいんだけれども、保護者とはどうも……と感じられる先生がいらっしゃるとすれば、子どもと接しているときはちゃんと〝解決モード〟でいられるけど、保護者を前にすると途端に〝問題モード〟に入っちゃうってことなんでしょうか……想像ですが。

でも、もし今、太字で書いた二つのことが当たっているとすれば、これは確かに家族と連携するのは難しいでしょうね。だって、もし「家族が問題」なのだとすれば、家族は先生方にとって闘う相手、まあ言ってみれば「敵」でしょ？「敵」とは「連携」できないでしょう……また、しちゃいけません。そりゃ「スパイ」です。「連携」っていうのは、「味方」同士の話ですよね？　向こうだって「敵」と思われていると感じたならば、連携しようという気にはならないでしょう。そして、こちらはまたそれを感じ取り、「あっ、学校と連携しようと思わない親だな。こりゃあやっぱり〝問題〟だ！」となる。すると、ますます家族は連携する気を失う。これでは立派な悪循環です。

少なくとも、こちらが家族と接触しようとするのは、

「ちょっとお力をお借りしたい」

からであり、あるいは、

「なにかこちらでお手伝できることがありますか？」

という時のはずなんです。

そうでなきゃいけない。だから、現実そうじゃない場合であっても、無理矢理でいいから、今の二つの言葉を頭の中で十回くらい唱えてから家族と接触を図る。まあ、コツっちゃあ、その辺ですかね。少なくとも、この最初の出だしは、とってもとっても大事で、滑り出しがうまくいけば、意外とスムーズに連携ができるものです。

「黒沢の保護者面接六ステップ」

黒沢さんも「私は、保護者面接を難しいと思うことはあまりない」とおっしゃっていますが、実際、彼女の話を聞いたり、彼女が保護者と話しているのを横で見ていて、さすがにそう言うだけのことはあって、上手です。まあ「名人」と言ってもよいかもしれません。

しかし、彼女が言うには、「でも私は、毎回、基本的には同じことをしているだけなのかもしれない」そうです。

その「同じこと」とは、まとめると、次の六つのことを順にしていくことのようです。

私はこれを「黒沢の保護者面接六ステップ」と呼んでいますが、それは、

① **合わせる**

② **「なにを問題とお感じですか?」**

③ **「どうなればいいですか?」**

④ **「ご家族は原因ではありません!」**

⑤ **「うまくいっていることはなんですか?」**

⑥ **介入(課題を出す)**

ん? なんじゃこりゃ! そのまんまブリーフセラピーの手順やおまへんか!? もう! これだから黒沢さんの「私はブリーフセラピストじゃないわよ」という言葉は信じられないんだよね! プンプン!

まあ、セラピストが何派かなんてどうでもいいことで、要するに良い面接をしようとすれば、相手が誰であろうが(保護者であろうがなかろうが)、結局はやることは同じじっちゅうことなんですよね。

いわゆる「拒食症」のお嬢さんの母親からの電話

ということで、黒沢さんとお母様の電話でのやりとりをここで再現してみましょう。

もちろん録音していたわけではありませんから、電話でのやりとりは、必ずしも正確とはいえませんが、幸い詳細なメモが残っておりましたので、かなり元どおりに近く復元できました。

ある年の三月、あるお母様から学校のカウンセラー室に電話がかかってきました。ここで話題になっているお嬢さんは、当時中学三年生、神経性無食欲症（いわゆる拒食症）との診断で受療されていました。中三の夏休みには入院もされるなど、一時かなり不安定で、学校の先生方もみな心配されていたようですが、この頃までには学校にも復帰。かなり回復していたようです。

黒沢さんは、もちろんこのケースのことは知っていましたが、他のカウンセラーが中心に対応しており、黒沢さん自身はあまり深くかかわっていませんでした。

（リーンと電話がなる）

Co　はい、カウンセラー室です。

母　あ、わたくし、○○の母でございますが、娘のことで、今ちょっとお時間よろしいでしょうか？

Co　あっ、はい、あのう、わたくし黒沢と申しますが、はじめまして……

母　あっ、どうもはじめまして……娘がいつも大変お世話になっております。

Co　いえいえ、こちらこそどういたしまして……それで、あのう、お話をおうかがいいたしますの、わたくしでよろしいんでしょうか？　……担当の△△でしたら、×曜日に参っておりますが……

母　ああ……ええ、あのう、今よろしいですか？

Co　わたしの方はちっとも構いません。わたくしでよろしければどうぞお話しなさってください……

母　ありがとうございます……

【解説しよう！　はい、**自然**な**出**だしでよろしいですね。

それにしても**上品**な**雰囲気**が**漂**っております。もちろん**黒沢**さんは**元々**お**上品**でお**美**しい**方**ではありますが、でも**結構**ケラケラした**乱暴**なしゃべり**方**もできる**人**ですし、**黒沢**さんのそっちの**面**をご**存知**の**方**も**多**くいらっしゃると**思**います（いや、やっぱりそっちの**方**が**地**だよね。なんつっても、**根**が**私**と**同**じ**関西人**！　やからね）。

だから**言**ってしまえば、このお**上品**さは『**作**られた』ものです。そしてこれが『**ステップ①合わせる**』というやつです。**電話**のお**母様**の**雰囲気**に**合**わせているわけです。

たとえば、**自分**のことを『わたくし』と言うのも、**お母様**の**物言**いに**合**わせているわけです。それだけではなく、たぶん**声**のトーンやテンポなんかも、**黒沢**さんは**お母様**のそれに**合**わせていたと**思**いますよ。」

母　それで、あのう、最近、娘は学校ではどう……なんでしょうか？　……カウンセラー室の方で、なにか聞いていてらっしゃることはございますでしょうか？

Co　あのう、わたくし個人といたしましては、お嬢様のことで特になにも聞いてはおりませんけれども、でも、お母様がこんなふうにお嬢様の学校での様子をお聞きになりたいと思われたのは……

［**はい。もう『ステップ②「なにを問題とお感じですか？」』という種類の質問に入っています。**］

母　ええ……「学校では病気は出してない」って本人は言っておりますし、担任の先生も「問題なくよくやってる」っておっしゃるんですが……

Co　本人も担任の先生も「問題なくやっている」とおっしゃっているんですね？　でも、お母様としては、なにが問題だと感じておられるのですか？

［**より単刀直入に、『なにが問題だと感じておられるのですか？』と聞いています。**

そして、**前節**〈1〉の「**面接の進め方**」でも**申**しましたように、『オウム**返**しをするのは、よりポジティブな**言葉**を**選**んでする』ということも、**黒沢**さんは**忠実**にやっています。］

母　確かに最近はちょっと良くなってきておりますけれども、でも、娘の感じ方というのは、他の方の感じ方となにか隔たりがあるんです。
Co　良くなっているとは感じてらっしゃるんですね？　他の方との感じ方の隔たりって、たとえば具体的にどんなことなんでしょうか？

[ここでも、ポジティブな部分をまずオウム返ししておいて、そして『具体的には？』と聞いています。『感じ方の隔たり』とは、大変抽象的な言葉ですから『問題は具体的に聞く』わけです。これもブリーフセラピーのマニュアルどおりです。]

母　たとえば……先日、◇◇さんが亡くなられましたでしょう？
Co　ええ。
母　でも、その悲しみの伝わり方が、娘と他の方とでは違うんです。
Co　悲しみの伝わり方？　……もう少し具体的に教えていただけますか？
母　あのう……他の方は、その方のお葬式のとき、すごく素直に涙を流して悲しまれていたのに、娘は涙も見せず、ずっと無表情だったんです。
娘は、「みんな、涙がいっぱい出てとっても悲しかったって言うけど、悲しみは涙なんかではかれるものじゃないと思うんだよね」って言うものですから、私はまた随分と冷たい言い方をするな、と思ったんです。

なんかこういう感じ方、普通の人と違うんじゃないかって……

だからそのとき私、思わず「あなたは、どうしてお友達のそういう自然な表現が理解できないの!?」と言ってしまったんです。

Co　なるほど……お母様はそういうお感じになるのですね?

母　そうなんです……

今、月に一度通院しているんですけれども、お医者様から「お母さんは、本人の立場に立ってものごとをとらえていない!」と指摘されるんです。

こんなとらえ方をしたら駄目なんでしょうか?

[ようやく、お母さんの感じている〝問題〟の中核が見えてきました。お母さんは、自分の娘に対するとらえ方を〝問題〟と感じているようです。

ただ、ここで注意が必要です。

これはあくまで「母親が感じている〝問題〟」（あるいは、その医者が感じている〝問題〟）にすぎません。こちらは、決して一緒になってその〝問題モード〟に入って行っちゃあいけません!」

Co　私は、お母様がそうお感じになることが駄目だとかは思いませんけれども……

[よし! さすがクロサワ! カウンセラーという人種が好んで陥りがちな「母と子の関係の問題」という甘い罠（問題モード）から見事に逃れました。

ここで〈そういうとらえ方をしてしまうことが問題だということに気づかれたのですね？〉なんて返した日にゃあ（いかにも、やりがちですが）、ちょっと目も当てられません。「気づく」という言葉は、「それは問題である」ということを前提にしている言葉ですから、これはもうすっかり〝問題モード〟。見事に罠にはまっています。

同じような言葉でも、「気づく」じゃなくて「感じる」なら、まだましでしょう。「感じる」ならば、問題の存在に関して、よりニュートラルなニュアンスを醸し出します。

黒沢さんはここで、もっとはっきりと「それは問題じゃない」という趣旨の言葉を返しています。そしてこれは、『ステップ④「家族は原因ではない！」』への伏線となっているのです。」


母　以前に比べれば、かなり学校の様子は話してくれるようになってきてるんです。本人は、「担任は私のことはもう問題と思ってないし、私も、学校ではいい子にしている」って言っています。

でも話を聞いていると、お友達と感じ方に、なにかこうちょっと隔たりが……

拒食症って診断されて治療していますが、本当はもっと精神病的な深い病気なんじゃないかって、家族で話してるんです。

Co　家族って言いますと……誰と誰がそう言ってらっしゃるんですか。

「お母さんの話は、また〝問題〟に戻りました。〝問題〟の話になったら「具体的に聞け」です。」

母　高校生の姉もそう言っています。
　「妹は言っていることがおかしいよ」って。
Co　「妹が普通になったら口をきいてあげる」なんて、姉は言ったりしています。
　お母様とお姉様のお二人の間だけでおっしゃっておられるんですか。
　それとも、ご本人はそれを聞いてらっしゃるんですか？
母　本人の目の前で話してます。
Co　え!?　そうなんですか？　……そのときのご本人の反応は？
母　口をつぐんでしまいます。
Co　まあ、そうでしょうね……お母様とお姉様に目の前でおかしいって言われたらねぇ……どんな気持ちでしょうねぇ……
　でも、以前に比べると学校の様子はよく話してくれるようになってきたとおっしゃいましたし、担任の先生も本人も問題はないと言ってらっしゃるんですよね？
　で、お母様としては、お嬢様がどうなったらいいと思われるんでしょうか？

［はい。『ステップ③「どうなればいいですか？」』に入りました。
本当にわかりやすいです。解説の必要、まったくありませんね。］

母　そうですねぇ……

周りにうまく合わせたり、迎合したりできない子なんです。だから孤立してるんではないかって……もっと周りに合わせて、うまくやればいいと思うんです。

小学校のときから、私には話をしない子でした。中三になって、一学期は学校に行けず、夏に入院して、でも二学期からは、だんだん私に話してくれるようになりました。学校にもあまり欠席せずに行けるようになりました……

Co　そうですよね。ずいぶん良くなってこられているんですよね。

お母様としては、どういうふうになれば、と思われるんでしょうね？

［良い変化を強調しておいて、もうワン・プッシュ、「どうなればいいですか？」です。］

母　学校で、ありのままの自分を出していければいいと思っているんです。

娘は、「人に合わせて、おかしくもないのに笑ったりするのはつらい」と言います。

小学校までの娘は、親や友達の望みに合わせるのがすべてだったと思います。中学校に入って、クラブに熱中して、そこでも周囲の期待に必死に応えようとしていたのに、周りから「仕草がおかしい」とか言われて……崩れちゃったんですね……

うーん、やっぱり私の育て方が問題だったんでしょうか？

お医者様からは、「お母さんが、情緒テレパシーのアンテナを出してなかったからです。そういうタイプのお母さんなんだ、あなたは！」って、きつく言われました。

ああ、原因は私だったのかって……

やっぱり母親の私が原因なんでしょうか？

［はいはい、来ましたよ。こういう**展開**になることって**本当**に**多**いですよね。**特**にこのお**母**さんの**場合**、**医者**からきつく**言**われてますから**余計**なんですけど、たとえそうでなくとも、**親**というのは、**子**どもに**何**か**行動上**の、あるいは**心理的**な**問題**が**起**こったときは、ほぼ**例外**なく「**私**の**育**て**方**がいけなかった？」と**落**ち**込**むものです。

たとえ**口**ではそう**言**わず、**周**り（たとえば**学校**）のことばかりを**攻撃**している**親**がいたとしても、それは**親**としてのこの**種**の**不安**の**裏返**しだと**考**えて、まず**間違**いありません。

それにしても、**医者**や**心理**の**人**って、この**手**のことを**親**に**本当**によく**言**うんですよね。これって、「**傷口**に**塩**を**擦**り**込**む」の**典型**だと**思**いませんか？

さて、ここで**自然**に『**ステップ④**「**ご家族は原因ではありません！**」』に**移**れます。］

Co　私は、お母様が原因だとは単純には思いません。お母様が原因だってわかることで、何か役に立つことがありますか？

自分が原因だとわかって、次からお母様がどうやればいいかにつながるんだったら、原因は自分だと思っていいかとは思います。でも、もしそういうことに役立たないのであれば……ただただ悔いや絶望だけが残るのであれば……

だいたい、原因というのは一つではないんですから……いろんな原因があるんですから……

私はお母様が原因だなんて思いません！　だって、誰も拒食症にしようと思って子どもを育てる親なんていないんですから……

拒食症のお嬢さんをもつ母親ほどつらいものはありません。拒食症のご本人もつらいけれども、毎度の食事を拒否される母親が、どんなにつらい思いをするものか……子どもさんがつらいのと同じくらい、お母様もつらいですよね。

［いやあ参ったなぁ、もう……ここは「泣かせの黒沢」の独壇場ですねぇ、ハハハハ……（って、オイ森！　お前が照れててどうするんだ）。

傍点をふった部分は、「泣かせの黒沢」の定番台詞ですから、よろしければ皆様もそのまま覚えてお使いください。「拒食症」の部分に何でも入れられます（たとえば「不登校」「非行少年」など）から、これは応用範囲の広い台詞です。

まあ、私のキャラクターで、こんな台詞を言っちゃった日にゃあ、思いっきり浮いちゃいますから、別の言い回しをしますけれども、でも基本的には言うことの内容は同じです。

さて、ここで「お母様は原因ではありません！」と断言することが大事です。断言し、その理由を解説する。そして、母親としてのつらさに共感する。

今「共感」と書きましたが、そして「共感」でいいんですが、ワタシ的に言えば、これは「技術」あるいは「話術」です。

あまりこちらの情緒が高まって来すぎますと、たとえばここで、こちらがその主治医に対して怒りを強く覚えたりしますと、これは情緒的「巻き込まれ」ということになるでしょう。

別に、このお医者さん、悪い人じゃないですよ。医者というのは、こういう言い方をするものですし、それに、だって、この主治医のもとで、お嬢さんは学校に問題なく通えるぐらいまで回復したんじゃないですか。

「主治医が悪い」というのは、これはこれでまた〝問題モード〟に入っているということです。」

母　（しみじみと）そうですね……私が疲れてたんです。

　さっきのお医者様とのやりとりは、私が「もうこの子、だいぶ元気になりましたから、一人で来させていいでしょうか？」と聞いたら、「そんなことだから」という感じで言われたことなんです……

　もう、私が疲れちゃってたんです……

Co　何度も申し上げますが、お母様も疲れて当然です。一年以上もずっと、お母様も彼女を支えて、治療に協力してきたんですから……

母　（涙声で）私が癒されたかったんですね……私が救われたかったんです……今、そう言っていただいて、本当にそう気づきました……（しばらく嗚咽）……

Co　そうですね……それはとても大切で、そして必要なことですね。

　こうやってお母様自身がケアされるための行動……つまり、こうやって電話をかけてきてくださることですけれども……それをなさったこと、それができたこと、それはとても良かったことだと思いますよ。お母様には、そのための力があるんですよね。

　先ほど、お嬢様が、小学校まで周りに合わせるのがすべてだったのが、中学に入りクラブで自分を出そうとして崩れたとおっしゃいますが、それも、お嬢様が自分で変わろうとし始めたサインですよね。自分自身になるためのもがきが始まったのかもしれませんね。崩れたことは、もしかしたらチャンスだったのかもしれませんね。

［**この辺り**も、**黒沢節が冴え渡**っている**部分**ですが、**特**に「**サイン**」とか「**チャンス**」というのが、**黒沢**さんのキーワードの**一**つです。この**一連**の**言**い**回**しをじっくり**味**わってみてください。

　ここで、**手順**という**意味**では、「**電話**をかけてくださったことは、とても**良**かった」ということを**伝**えることが**大事**です。この**種**の**台詞**は、たとえそれがどんな**場合**であれ、**必**ず**一度**は**入**れておかなければなりません。

　このケースの**場合**、こうした**台詞**は**入**れやすいでしょうが、これが、**学校**に**対**する**苦情**の**電話**だったり、あるいは**直接学校**に**乗**り**込**んでこられたような**場合**では、**言**いにくいかもしれません。しかし実は、そのような場合であればなおさら、この種の台詞を早い時期に（できれば冒頭付近で）入れておかなくてはいけないのです。

「いやあ、そのことをおっしゃっていただいて本当にありがとうございます」とか「とてもいいタイミングでお越しくださいました……本来ならば、私どもの方がおうかがいしなければいけないところですし、実際私どももうかがおうと思っていた矢先でした」などと言ってみるのもいいでしょう。おそらくこれで、その後の話の展開は全然違ってくるはずです。」

母　そうですね……確かに、娘は娘なりに一所懸命やってるんですね。でも「やりたいことが見つからない」って言うんですが……

Co　（笑いながら）お母様が中学生の時はどんなふうだったんですか？

母　……やはりやりたいことが見つからないで……それでそのまま今に至ってますねぇ（笑う）。

Co　まあ、似てらっしゃるんですねぇ？（笑い）……ところで、お嬢さんの食行動はお母様から見て、今はどうですか？

母　コントロールがすっかり外れている時と、コントロールがかかっている時と、波があるんです。

Co　コントロールができている時もあるんですね？

［もう、『**ステップ⑤「うまくいっていることはなんですか？」**』に入っています。］

母　ええ。でも、食事中、牛乳とお茶を並べるという儀式は相変わらずです。儀式をすれば、ほぼ一人前食べるんですが……おやつに対しては、まだこだわりがあります。「食べなきゃよかった」とか……

Co　儀式があれば、もう一人前食べられるんですね？　身長と体重は、今どれくらいでしたかしら？

母　百五十六《セン》で四十《キロ》を超えてます。本人は階段などずいぶん楽になったと言ってます。

Co　他になにか、いい時はありましたか？

母　食事の面であまりいいことはないですねぇ……

ああ！　でも、娘は昔、私の手作りハンバーグが大好きだったんですけど、ダイエットを始めてからずっとそれを拒否してたんです。脂身が多いとかで、作るとすごく怒ったんです。なので、私もずっと気を遣ってメニューから外してたんですけれども、先日、ついうっかり久々にハンバーグを作ったら、娘は「わぁ、私これ大好きだったんだ！」と言って、喜んで食べてくれたんです！

……ああ、良くなってきてるんですねぇ……

［**お母さんは、見事に〝例外〟を発見されました。そして、それを発見すると、このように実感と**

して**「良くなっている」ことを体験されるわけです。」**

Co　ほんとうにそうですね。

　これからも、こうやってお母さんのガス抜きも必要です。お母さんが癒されたいと思われていいんですよ。

　もしよかったら、お嬢様のことで、うまくいっていること、良かったと思うこと、続いてほしいなと思うこと、そういうことを観察してメモに付けてみてくださいね。

『ステップ⑥介入（課題を出す）』。この場合、**例外探し**の**観察課題**でした。

別にこれはなくても良かったかもしれませんし、また「介入」とわざわざ呼ぶほどのものでもないかもしれません。われわれは、「介入」というよりも「お土産を持って帰ってもらう」という言葉の方を、好んで使っています。「課題」というのは「お土産」なのです。そして、この種の親御さんは「お土産」をとても喜んでくださいます。」

母　そうですね！　そうするといいかもしれません。

Co　いつかまた報告してくださいね。いつでもまた、お電話をお待ちしております。

母　ありがとうございます。今日は、本当にお電話をおかけして、お話しができてよかったです。本当にありがとうございます。それでは失礼いたします……

Co　失礼いたします……（カチャ）

――この間、三十分あまり。母親からその後の連絡はない。本人は毎日元気に登校している。先生方の間でも、この子のことが話題にのぼることすらない――

いかがでしょうか？

何度も申しますが、それが「保護者」だからといって、なにも違うことをやるわけではないのです。相手にこだわるということは、その相手（しかもそれは「保護者」という一般名詞）に対し、こちらがなんらかの不必要な構えを持っているというだけにすぎません。

ただ、あえて対応の違いを挙げるとすれば、「ご家族は原因ではありません！」のステップをしっかりやるということでしょう。それだけです。

〈4〉学校での事例とブリーフセラピー

編集部　ブリーフセラピーを学校での事例に関連させて語っていただくために、高校の相談係の先生と中学校の養護教諭の先生に事例をお出しいただくことをお願いしました。最初に高校の相談係の先生から事例をお話しいただき、森先生と話し合っていただきます。

【事例1】母は恐い、が、母に認めてもらいたい愛子

本校は、昼間部コースの単位を併修すれば定時制でも三年で卒業できますが、愛子は、入学当初から、四年で卒業すると計画して、その計画どおり卒業していきました。

私は、愛子が在籍二年目に本校に赴任し、愛子が三年の九月から翌年の卒業までの一年

半の間に六十七回の面接をし、卒業とともに一応の終結をしたのですが、卒業後、一年余り、愛子が来校するので、かかわりがありました。

在学中、愛子は、体調が悪い時でも帰宅せず、保健室や相談室などで時間をつぶして、「具合が悪いということを親には言えない」と言っていました。それは、勤め始めてからも同様でした。「具合が悪いから勤めを休む」と言えないため、学校に来て休んでいました。

今、当時の記録を読み返してみて、私は、それほどまでに母親の機嫌を損ねることを恐れながらも、母親の愛を「ほしがっていた」愛子の気持ちに寄り添っていなかったのではないか、という気がしています。愛子は、「自分を分かってほしい」というより「人には自分のことは分かりっこない」と思っていたのかもしれません。また、面接の時、母親に認められないで来た今までの日々のことや、現在の出来事の話で、ティッシュペーパーの山ができるくらいよく泣きましたが、あの涙は愛子の怒りの表現だったのではないか、と思ったりします。「(父親との離婚の問題があり)今でも大変なのに、これ以上、母親に負担をかけてはいけない」と言いつつも、問題を起こして母親に自分の問題を抱えてほしかったのではないか、などと思ったりします。

愛子に母親との面接を提案しましたが、「『あんたが弱いから相談なんかに行くんだ』と言われ、その反動が恐い。『他人に相談なんか』と言う人だから」と言って承知しませんでした。病院に行くことも、「保険証を持ち出せないから行けない」と言い張るし、費用の点で専門機関に紹介することもできず、結局、卒業まで私との面接に終始しました。

当時の私の見立てと方針は、「母親との葛藤が根底にあるが、アルバイトをしながら学校を続け、卒業して就職するという目標をもっている。学校の授業やアルバイトは、時々休みながらもこなしているし、成績もそこそこだし、クラブ活動も彼女のやり方で参加している。『パンドラの箱』を開けるのは先送りにして、当面の目標を実現することがいいのではないか」というもので、とにかく愛子の日常生活を支えるために定期面接を続けました。

卒業後、私が勉強のためにお世話になった大学の心理相談室や病院の精神科の援助を受けながら社会人生活を始めました。しかし、やがて最初の職場は退職したのですが、退職のことや病院に通っていることなど本当のことを母親に話せない状態は変わっていません。

その後、ある自助グループに支えられ、新たに就職もし、ボーイフレンドもできたようで、現在は、いちおう落ち着いてきたかな、という感じです。

病気にしないかかわりを評価したい

相談係　一年半もの間面接を続けていて、彼女が途中から、自分の体調の悪さと母親との葛藤は関連があるらしいと思い、さかんに心理学の本を読み始めた時期がありました。しかし、私は、今、母親との問題に取り組んだら、卒業どころか日常生活も崩れてしまうのではないかと思い、「世の中、課題のない人なんかいない。でも、大多数の人は、気づいていなかったり、気づいていても押し入れの中に突っ込んだりして毎日を送っている。あなたも、卒業してからどこかの援助を得ながら考えることにしたらどうか」と提案しました。

そんなこともあったのですが、それで良かったのかどうか、疑問なんです。また、もっと早く取り組ませて、在校中になんらかの目処を得ることができたのだろうかとも思っているのですが。

森　うかがった限りでは、この人は病気ではないと思いますが、病気になりたがっている人だとは思います。ですから病気になるための道をつけてあげれば、喜んで病気になると思います。その点で先生も卒業後にかかわった人たちも、この人を病気にしないかかわりをされたのは、非常に良かったと思います。これ以上のかかわりでも、これ以下のかかわりでもだめだったと思います。難しいんです、病気になりたがっている人を病気にしないかかわりというのは。

ブリーフセラピーの考え方ですと、われわれは〝サービス業〟である。相手が何かニーズをもってこちらを求めてきた。それに対してこちらはサービスをするのであって、それ以上でもそれ以下でもない。ですから、この人が、先生のところに持ってきたニーズに対して先生が応えればいいわけです。話を聴いてほしいというニーズならば、聴いてあげればいい。もしかして母親と会ってほしいとか、母親をなんとかしてほしい、というニーズが出されれば、あるいはそれに対してなんとかすることになるかもしれない。『できない』と言って断ることもあるかもしれませんが。

しかし、この場合、そういうニーズは出されていないわけですね。それに対して、こちらからなにかを持ち出して、押しつけたりする必要はない。たとえば、先生が、母親に会うことを提案していますね。しかし、彼女は断った。そこでは合意ができなかった。そういう場合は取り組めないわけです。いくら本人のためだと思っていても、合意がないのにやろうとすれば押しつけです。先生が、以上でも以下でもない、適切なかかわりをしたという意味は、そういうことです。

愛子の中の母親像にかかわるには

相談係　母親に会うことは拒否されましたが、ただ、愛子の中の母親像について、愛子が思い込んでいる母親とは違った側面があることを断片的に愛子は話しているんですが、そういう側面も認めて、もっと柔軟に母親像を考えられるようにかかわってもよかったかな、と思っているんです。ただ、具体的にどうやればそれができるのか……。

森　母親についていていろいろと話しているとのことですので、そういうニーズはあったかもしれませんね。ですから、それはやってもよかったかもしれません。

やり方は、たとえば、解決志向ブリーフセラピーの基本的やり方ですが、まずゴールはなにかを明確にすることです。母親と良い親子関係を築くといった時に、この人の中で自分と母親の良い関係というものをどうイメージしているか、それをはっきりさせておいて、それに比べて今はこうだというように、解決像から現在の問題を見るという方法です。

ただ、どうなりたいのかについては、すぐにはっきり言えないと思います。

相談係　言えないんです。

森　言えない場合は、例外探しをするわけです。普段の中で、母親との関係で一瞬でも「あっ、いい感じだな」という場面があったら、そうなった時はどんな時なのかを拾い出してみる。そうした場面を積み上げていくことによって、ゴールのイメージを作り上げていく。「そういうふうにやれればいいのね」とか、「お母さんがそうしてくれたり、そう言ってくれればいいのね」というかたちで積み上げていくわけです。自分の側の例外、お母さんの側の例外ですね。

　また、お母さんを恐がっているようですが、恐くない時やかえってお母さんを叱っている時とか、自分の反発をしっかり出せている時とかがあるかもしれません。そういう例外を拾い出していくと、やがてゴールの姿がはっきりしてくると思います。

　この人は、「だけど」とか「でも」とかの逆接の接続詞をよく使いませんか。

相談係　逆接ではなくて、「そうですね」という順接のかたちで受けるんですが、そういう受け方をした時にはそれに続く内容は、逆接になるんです。

森　そういう場合、なにか提案するとどうなりますか？

相談係　だいたい否定されることが多いですね。

森　そうでしょうね。この場合、「〜したら」といういわゆる指示的な提案は役に立たないです。ですからこの人の場合、まさにノンディレクティブな対応が合う人ですね。おうむ返しをしてあげれば、たいてい否定的なことを言っているでしょうから、それをそのまま返してあげれば、肯定的な内容になっていったりします。

　ですから、例外探しの時に、肯定的なかたちの質問では否定的な内容を拾い出してしまいますから、否定的なかたちで質問をすると肯定的な内容を考えやすくなります。

　たとえば、「お母さんは、一日中あなたに文句ばかり言っているのね」とか「三六五日、喧嘩ばかりしているのね」とかのかたちで聞くと、「いやそうじゃない。たまにはこんなこともある」と言って例外を探しやすくなります。

相談係　たしかに、おうむ返し的な対応が多かったと思いますが、解決像をはっきりさせるようなかかわりをすれば、先ほどのような課題に取り組めたかもしれませんね。

森　解決像は相手が作るのであって、こちらが作るわけではないんです。ところが、ときどきカウンセラーの方で解決像を作ろうとして一所懸命悩んでいる人がいます。でも、解決像は相手の中にあるのであって、こちらにあるわけではないんです。それをこちらが作ったら、それを相手に押しつけることになってしまいます。こうあらねばならない、こうあるべきだ、といって。それは恐いことです。

　この人の場合だって、母親とうまくやるということではなく、それは無理だから私が家を出る、ということが解決像になるかもしれません。それでもいいでしょう。ですから、解決像をどう描くかは、その人が決めることなんです。

相談係　解決像が変わっていくこともあるのですか。

森　ありますね。解決像が描かれますと、どうやったらそれに近づけるかが課題になりますから、それを話し合うわけです。それ以降の話し合いは、もう「作戦会議」みたいなものになります。そこまでいけば、かなり一人でやれるようになります。

　でも、この人は、やはり解決像自体が明確ではないし描けないから、いつまでも尾を引くんでしょうね。

相談係 そう思います。やはり解決像が描けるような意図的なかかわりをすればよかったな、と思います。

【事例2】話しかけられても一切返事をしないT子

養護教諭 中学一年の女子で、保健室登校をしているT子と言います。四、五月の頃はまだ教室には入れていましたが、一日一回は保健室に来ていました。ただ、この子に話しかけても一切返事はしません。

私はいつも校舎内を巡回しているんですが、六月になって、この子が教室に入らずに教室の前に立っているのを見て、教室に入れようとしましたが、梃子でも動かない感じで教室に入るのを嫌がりました。そこで、そんなに教室に入りたくないのなら保健室においで、ということで保健室登校が始まりました。だからといって、私が話しかけても返事が返ってくるわけではありません。そういう人間関係をとても嫌っています。教室で担任が話しかけても一切返事をしません。担任は男の先生で、特に男の先生は嫌っています。廊下で他の男の先生に出会っても一切返事をしませんでした。

保健室ではほとんど本を読んでいます。他の生徒がやってきて、その子たちと私とのやりとりを見ていて笑ったりすることはあるんですが、その中に入ってくることはしません。その内、学校での生活のある一時間だけ私に話してくれるようになりました。その時はすごくニコニコして、家でのことや昨日の出来事など、母親と祖母の仲が非常に悪いので、そのやりとりなどを話してくれますが、それでもこちらからの誘いには絶対のらない子です。

国語が好きで、気が向くと教室に行きます。

教室に行ってなにをしているかというと、ただ、じっと座っているだけなんです。指名されてなにか返事をしなければならないのは、絶対嫌いです。作業を伴う授業も嫌いです。それから、保健室にいる子にはよく私の仕事の手伝いをしてもらうんですが、T子はそういう誘いには絶対にのりません。自ら人のためにやるのは嫌いだ、と言っています。自分の思ったような生活をしています。

小学五、六年生時、担任が女の先生だったのですが、ウマが合わなかったらしく、その時から学校に行かない生活ということを学んで、嫌な時は行かない、ということを実行してきました。でも、学校が嫌いだから行かないのではなく、嫌いな人がいるから行かない、ということだったようです。

中学に入学してからは、毎日学校には来ていますが、嫌いな先生(自分に指示をする人)から話しかけられても絶対に返事をしないという生活が、今でも続いています。ただ最近は、廊下で先生方とすれ違った時、「おはよう」と挨拶されたから挨拶してあげたよ、などと言っています。

彼女に対して、多くの先生方が教室で授業を受けさせたい、という願いを持っています。学校教育においてはそれが解決像ですが、彼女はそれは求めていない。私自身も、彼女を積極的に学校の生活に戻そうとは考えていません。中学校で保健室登校をしている子の教室復帰は非常に難しいんです。ですから私は、三年間保健室登校のまま卒業してもいい、とさえ思っています。

ただ、自分が気に入った人としか人間関係を作ることができない彼女に、どうやってかかわっていったらいいのか、悩みながら彼女に接しているところです。

もう一人、保健室登校をしている女の子がいるんですが、その子も人間関係を作ることができない子で、二人で向かい合って一緒に本を読んだりしています。

ある時、もう一人の女の子が編み物を持ってきて始めたので、それで私も、レース編みが得意だから教えてあげるよ、と言って教えてあげたんです。そしたら、T子が、「私もレース編みできるんだ。小学校の時、お母さんと一緒にレース編みを作って、その作品を担任の先生にあげたんだよ」と言いだしたので、どんな物を作ったのか聞きますと、「明日、本を持ってくるね」と言って本を見せてくれたんです。

こちらからの指示には絶対に応えないけれど、生活の中で向こうからのってくることもあります。しかし、もう一人の女の子とは会話にはなりません。いちいち私を媒介にしてコミュニケーションをとります。

ここまで極端ではないけれど、保健室登校をする子はわりとこういう子が多いんです。T子の朝の表情は暗いんです。なぜかというと、だいたい午前二時三時までテレビゲームをしているからです。それからすぐお腹が痛いと言いだしますが、そういう時でも私から具合を聞き出したのでは返事もしてくれません。「お腹が痛いの?」と聞くと、ひどい顔でにらまれたりしますので、そういう時はそっとしておき、向こうから声をかけてくれるのを待ちます。

つい最近、彼女がポロッと言ったことは、「私は家のなかで不必要な人間だった」「なんで?」「両親から親戚まで、全部『お兄ちゃん』『お兄ちゃん』で、私のことなど眼中にないみたい」ということでした。かといって、家族の中でT子が疎外されているかというと、そうでもないようです。兄とはけっこう仲良く一緒に遊んでいます。

相手に合わせること

森　保健室登校の生徒は、その後どうなっていくんですか？

養護教諭　卒業後はだいたい高校に進学します。

森　高校に行ける学力なんですか？

養護教諭　その子たちでも合格する高校があります。でも本当に学力をつけたいと考えていたら、その家の経済状態と相談して、家庭教師をつけるように勧めます。塾は学校と同じでだめなんです。

でも、私立は欠席日数の多い子は取ってくれません。そのことははっきり教えておきます。高校にはだいたい毎日行っている子も少なくありません。それは、中学校の保健室の中である程度のエネルギーがためられたからなのかな、と思っています。

森　ブリーフセラピーの基本は、「相手に合わせる」ということです。そして、普通だったら問題として見ることを、むしろ能力として見ます。

このケースに即して考えてみますと、しゃべらない人は聞き上手なんです。観察力が非常に鋭い。ですからしゃべらないことを問題として見ないんです。周囲の人が話していることを聞いたり、観察したりして、その中からメッセージを受け取る能力が高いというように見るわけです。

けっしてしゃべらせようとはしません。何かに熱中していると、本人も周りも気がつかないうちにしゃべっているんです。

ですから、先生がやっておられることがブリーフセラピーなんですよ。

むりやりしゃべらせようとすることは、相手に合わせていないんです。そこに問題を見つけてそれを矯正しようとするやり方はうまくいきません。そうではなく、その人の持っている能力を使う。

だから、なにかその子にメッセージを送りたいのなら、直接その子に向かって話さないことです。たとえば、クラスの観察日記をつけさせて、それを二人の話題にするなどいいと思います。

養護教諭　クラスに行った時は必ず報告してくれるんです。彼女は基本的にはおしゃべりな子だと思います。体験したことや、心に浮かんだことは話してしまわないと気が済まない子なんだと思います。

観察力は本当に「すごいなあ」と思います。

うまくいっているのなら、それを変えるな

森　他の人への批判はやがて自分に対する批判になっていきますから、他の人への批判を叱ったり批判したりせず、十分させることが大切です。

ブリーフセラピーの考え方は、理論にしばられることなく、効率を重視するということです。今までのかかわりの中で、なにをしたらうまくいったか、なにをしたら失敗したか、をきちんと積み重ねていきましょう、ということなんです。

ブリーフセラピーのルールは三つしかありません。

ルール1　「もしうまくいっているのであれば、それを変えるな」

ルール2　「もし一度うまくいったのなら、またそれをせよ」

ルール3　「もしうまくいかないのであれば、なにか違うことをせよ」

今日お出しいただいた事例は、うまくいっているわけですから「それを変えるな」ということが言えるわけです。

養護教諭　この子の家庭は、両親とも商売をしているので帰りが遅いのです。両親を待ってきょうだいでテレビゲームをやっているのは責められない、と思います。それでも朝から

学校には来ていますので、そのことを評価していきたいと思います。

家から学校までは五分くらいの距離ですが、そこを二十分から三十分くらいかけてゆっくり歩いてきます。どんなふうに歩いているのかな、と思いますが……。なるべく遅く学校に着きたいのだと思います。

そのことについて、周りの先生方はT子の顔を見るといろいろと言っていますので、私はなにも言いません。しかし、そのことによって、ますますT子と先生方の溝は深くなっていくと思います。結局、そうやって相手に合わせようとしない先生に対しては、子ども自身が選んでいくわけだから、と思っています。

また、T子の家族関係について多少気になってはいますが、今のところそんなに心配ないようなので、さわらないでおこうかと思っていますが、いかがでしょうか。

森　直接さわらなくとも、彼女は聞き上手で、お話を聞くのは好きなようですから、間接的にさわることはできます。たとえば、テーマがあまり直接的だと、自分のことを言っているのかな、と思ってしまいますから、本当は関係のあるテーマなんですが、本人が自分の問題とリンクさせない題材を選んで、同じ生徒の話でもいいし、童話や小説でもいいし、そういうお話を唐突に、独り言でもいいですから、話すというやり方もあると思います。

養護教諭　なるほど、そういう話をするといいかもしれませんね。

森　面接室の中でその問題を直接取り上げることが問題を扱うことだ、と思っておられる方が多いように思われますが、間接的に扱うことの方が有効な場合が多いと思います。直接取り上げると、シャットアウトされる場合が多いかと思います。

たとえば、相手に親の話をさせたい場合、セラピストの方から「うちの父親がね……」と話し始めたりするかもしれません。聞いている方は、セラピストの父親なんか知りませんので、自分の父親のことを思い出しているわけです。それでイメージが高まった時に自分の父親のことも話し始めるかもしれません。

それでも話すところまでいかなければ、それはそれでいいんです。最初のセラピストの話は雑談として処理されるだけですから。むしろ、正面から取り上げて拒否されることで生じる二人の関係への影響よりは少ないし、軽いと思います。いわゆる副作用が少ない、ということです。

繰り返しになりますが、ブリーフセラピーの基本は、第一に、相手に合わせるということです。たとえば、黙っている子に対しては、黙っていさせてあげる。だからこちらがしゃべるわけです。

そこで、第二に、黙っていることを問題として見ない、ということです。問題として見ると、しゃべらせようとするわけです。そうすると相手に合いません。

第三は、今ある姿を基本に、そこを評価するところから出発します。そこを直接変えようとは考えない、ということです。あとは、理屈で考えずに、今までなにがうまくいき、なにがうまくいかなかったかを考えて、うまくいったことを続ける。うまくいかなかったら別なやり方に変える、ということです。

具体的なやり方は、先生方の長年のご経験の中につまっているはずです。

編集部　お二人の先生が非常に適切なかかわり方をなさっていることに本当に敬意を表します。いずれもそんなに簡単な事例ではないと思いますし、お二人の基本的な姿勢をもってかかわり続けるためには、周囲からの少なからぬ批判に耐える覚悟をもたれてのかかわりだと思います。その点でも、こちらの都合でかかわっているのではなく、こちらの都合のぎりぎりのところで子どもの求めに合わせているのだと思います。学ぶことが多いお話をうかがわせていただき、ありがとうございました。

おわりに

お読みいただいてお分かりのように、「ブリーフセラピー」などと言っても、全然特別なことではないわけです。一部には、ブリーフセラピーに対して、それはなにかトリッキーな介入をするもの、クライエントに対し侵入的で操作的なやり方をするものというイメージをお持ちの方もいらっしゃるようです。でも全然そうじゃないでしょ？　実際、私と黒沢幸子先生はたくさんのワークショップや研修会を開いていて、その中で面接のデモンストレーションを行っているわけですが、そこでの参加者の多くは、「ブリーフセラピーって、なんかもっとすごいことが行われるのかと思っていたんですけど、意外と普通なんですね」、あるいは「驚くほど日常的な感覚だ」という感想を持たれます。

そして、私なんかは「解決志向ブリーフセラピー」は、クライエント中心療法よりもさらにクライエント中心だと本気で思っているほどです。クライエントはすべて、自分をより良い方向に持っていく能力・リソースを持っている。クライエント自身が自分の問題解決のエキスパート（専門家）である。セラピストの役割はクライエントが本来持っている能力・リソースを、クライエント自身が引き出して使えるように援助するだけである。このような解決志向ブリーフセラピーの考え方は、ロジャースの「すべての人は実現傾向を持っている」という考えとまったく同じです。そしてそのことは、ロジャース自身が語っているのです。ロジャースはある国際会議の中で、ブリーフセラピーの源流であるミルトン・H・エリクソンと精神分析のある著名な理論家の名前を挙げて、「私の考えとエリクソンの考えは同じであるが、精神分析の彼とはまったく違う」と言ったのです。

この本を読んで、「これって当たり前じゃない？」と感じられ、「こんなことは言われなくとも自分はやっている」と思われた方は最高の読者であり、そしてその方は実際に優れた臨床・教育・援助の実践家であるはずです。基本的にはここに書かれていることに納得でき、それでも「ああ、こういうやり方もあるんだ」「これはちょっと盗ませてもらおう」と思われた読者は、もうすでに非常に優れた臨床・教育・援助の実践家でありながら、それでもまださらなる飛躍が期待できる、私などからすれば「雲上人」となられる御方です。

この本を読んで、「目から鱗が落ちた」方は、おそらく今まで心理療法やカウンセリングに関する理論的勉強をしすぎた方でしょう。理論の勉強はしすぎるとよくありません。われわれは理論からではなく、自らの実践の中から学ぶのです。あまりにあるひとつの理論を学ぶと、その理論にとらわれてしまい、実践の中から学ぶことができなくなってしまいます。ここで言っていることは理論ではなく、実践の中で役に立つことをいくつか抽出したものにすぎない、いわゆる「実践学」であるわけです。それでも「目から鱗が落ちた」のであれば、今までの理論の呪縛から逃れることができたわけですから、今後さらなる進展が期待できるでしょう。

ここで述べられていることにいちいちカチンときて、「それは違う」と感じられた方などいらっしゃらないとは思いますが（そういう方は、最初からこの本を手に取ることはないでしょう）、もしそういう方がいらっしゃるとすれば、その方はもう完全にナンタラ理論に自らが乗っ取られており（カルト教団の教祖やその信者のように）、現実というものを受け入れることのできなくなった方でしょう。もしその方が、現場の最前線で人々と交わっておられるのであれば、私ははっきりと即刻引退を勧告申し上げます。その方が人々のためです（大学教授なら、別に直接人々とかかわっているわけではないので、お好きにどうぞ）。**「強気だね、森さん！」……アレッ？　この声は確か黒沢幸子……オオ、コワッ！　勝手に侵入してくるんじゃない！」**

臨床心理学理論で言えば、ここで新しいことは、従来の「問題志向」から「解決志向」

への転換があったということです。従来の臨床心理学モデルのほとんどは「問題」や「病理」（そして主にその原因）を扱っていたわけですが、解決志向アプローチではそこにはほとんど目を向けず、逆にクライエントの健康な部分、能力、リソースなどに着目していくわけです。これは臨床心理学全体におけるだけでなく、ブリーフセラピーの中でさえも大きな転換となったのです（ブリーフセラピー・モデルの中でも古いものは「問題志向」でした）。「解決志向」への視点の転換さえ行えれば、実践はすごくスムーズに展開されるでしょう（論文は書けないかもしれませんが）。これに関しては『月刊学校教育相談』連載の一年目の部分で、くどいくらいに書きました。

また、本書によりブリーフセラピーに対して関心の深まった方は、今では「解決志向ブリーフセラピー」に関してそれなりの数の本が出版されておりますので、ぜひ参考にしてください。そして実は、ほんの森出版から近日に、私と黒沢幸子の共著で解決志向ブリーフセラピーの本が出ますので、ぜひお買い求めいただけますようお願い申し上げます。

本書が形をなすにあたっては、ほんの森出版の佐藤敏氏のご助言と小林敏史氏のお力がなくしては出来上がらなかったものであり、ここに心から御礼申し上げます。

森　俊夫

＜執筆者紹介＞
森　俊夫（もり　としお）
1998年　東京大学大学院医学系研究科第Ⅰ種博士課程（保健学専攻・精神保健学）修了。保健学博士。
同年より東京大学医学部助教（精神保健学教室）。臨床心理士。
2015年　逝去

＜主な著書＞
『ブリーフセラピー入門』（宮田敬一編、分担執筆）金剛出版、1994年
『ミルトン・エリクソン入門』（共訳）金剛出版、1995年
『“問題行動の意味”にこだわるより“解決志向”で行こう』ほんの森出版、2001年（本書の「はじめに」「おわりに」でふれられている『月刊学校教育相談』１年目の連載をまとめたものです）
『ミルトン・エリクソン 子どもと家族を語る』（訳）金剛出版、2001年
『＜森・黒沢のワークショップで学ぶ＞解決志向ブリーフセラピー』（共著）ほんの森出版、2002年
（本書の「おわりに」でふれられている解決志向ブリーフセラピーの本です）
『やさしい精神医学[1] LD・広汎性発達障害・ADHD編』『やさしい精神医学[2] 薬物依存・統合失調症・うつ病・不安障害編』ほんの森出版、2006年、2010年
森俊夫ブリーフセラピー文庫『心理療法の本質を語る』（共著）2015年、『効果的な心理面接のために』（共著）2017年、『セラピストになるには』（共著）2018年、遠見書房

先生のための
やさしいブリーフセラピー――読めば面接が楽しくなる

2000年８月15日　初版　発行
2022年６月20日　第10版発行

著　者　森　　俊夫
発行人　小林　敏史
発行所　ほんの森出版株式会社
〒145-0062 東京都大田区北千束3-16-11
TEL 03-5754-3346　FAX 03-5918-8146
https：//www.honnomori.co.jp

印刷・製本所　研友社印刷株式会社

© Toshio Mori 2000 Printed in Japan ISBN978-4-938874-16-2 C3011